Dieses Buch gehört:

KARIN JEROMIN | LUKAS RUEGENBERG

Die Bibel für Kinder

mit Bildern von Bruder Lukas

kbw bibelwerk

www.bibelwerk.de

ISBN 978-3-460-24505-1

© 2008 Verlag Katholisches Bibelwerk GmbH, Stuttgart
Umschlaggestaltung, Layout und Satz: Anna-Katharina Stahl, Stuttgart
Druck und Bindung: Mohn media Mohndruck GmbH, Gütersloh

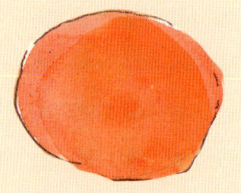

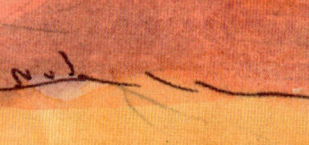

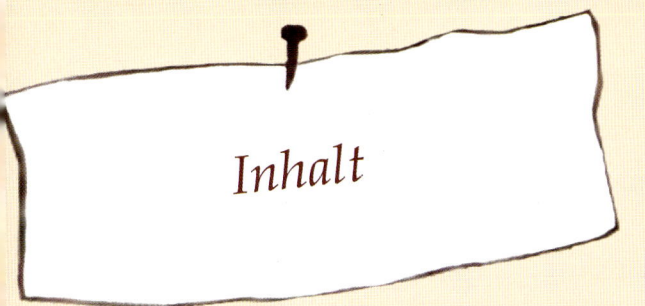

Inhalt

Komm und entdecke die Bibel!

In diesem Buch findest du viele spannende Geschichten. Sie erzählen von Gott. Diese Geschichten von Gott sind vor langer Zeit erzählt und aufgeschrieben worden. Alle zusammen stehen sie in der Bibel – dem großen Buch von Gott und der Welt. In den Geschichten der Bibel erfährst du nicht nur etwas über Gott, sondern auch jede Menge über viele verschiedene Menschen – Männer und Frauen, Alte und Junge, Mutige und Feige, Starke und Schwache, Arme und Reiche.

In diesem Buch findest du auch viele Bilder. Man kann eine Menge auf ihnen entdecken: Spannendes und Schönes, Lustiges und Trauriges. Vielleicht hast du selbst schon einmal versucht, ein Bild zu einer Bibelgeschichte zu malen. Dann hast du sicher gemerkt: Das ist manchmal gar nicht so einfach – schließlich kann man Gott ja nicht mit den Händen greifen oder mit den Augen sehen. Bruder Lukas hat Gott so gemalt, wie es ihm sein Herz gezeigt hat: als barmherzigen Vater, der die Menschen liebt. Alle Menschen sind Gottes Kinder – von Anfang an.

Geschichten aus dem Alten Testament

Die Geschichten aus der Bibel sind alt, sehr alt. Sie wurden schon erzählt, da war Lesen und Schreiben noch gar nicht erfunden. Die Kinder hörten die Geschichten über Gott und die Welt von ihren Eltern oder ihren Großeltern. Stell dir doch einmal vor, wir besuchen eine Familie aus dem Volk Israel, die vor vielen hundert Jahren gelebt hat.

Am Anfang macht Gott Himmel und Erde

Es ist Abend. Ester liegt auf ihrer Schlafmatte. Aber sie ist noch gar nicht müde. So viel geht ihr durch den Kopf.

„Mutter", fragt Ester, „Wo geht die Sonne in der Nacht hin? Und warum ist sie am anderen Morgen wieder da?" Ihr Bruder Jonathan fragt weiter: „Stimmt es, dass die Sterne Macht über die Menschen haben – und der Mond auch?"

„Halt, halt", lacht Esters Mutter. „Sonne, Mond und Sterne – das sind doch nur Lichter am Himmel."

„Und wer hat sie dann aufgehängt und angezündet?", fragt Ester.

„Ihr wollt es aber ganz genau wissen", schmunzelt Mutter. „Dann ist es wohl am besten, ihr lernt jetzt das Lied vom Anfang der Welt kennen. Das geht so:

Am Anfang machte Gott Himmel und Erde.
Und die Erde war ganz öde und leer.
Dunkel war es und überall wogte das Wasser.
Und Gott sprach: „Leuchte, Licht!"
Da wurde es hell.
Gott sah, dass das Licht gut war.
Und Gott nannte das Licht „Tag" und die Dunkelheit „Nacht".
Es wurde Abend und wieder Morgen: der erste Tag.

Dann sprach Gott: „Spanne dich über das Wasser, großer Bogen!"
Da wölbte sich ein riesiges Dach über die Erde.
Wasser stieg auf und sammelte sich oben in großen Wolken.
Und Gott nannte den großen Wolkenbogen „Himmel".
Es wurde Abend und wieder Morgen: der zweite Tag.

Dann sprach Gott:
„Sammle dich, Wasser, an einem Ort!
Lass das Land sehen!"
So geschah es.
Gott nannte das Trockene „Erde" und
das Wasser „Meer".
Und Gott sah alles an: Es war gut.

Dann sprach Gott:
„Erde, werde grün!
Gras und Bäume und Blumen,
wachst und blüht!
Tragt Samen und Früchte!"
Da wuchsen grünes Gras und
hohe Bäume aus der Erde und
bunte Blumen blühten.
Und Gott sah alles an: Es war gut.
Es wurde Abend und wieder Morgen:
der dritte Tag.

Dann sprach Gott:
„Leuchten am Himmel, scheint hell!
Trennt den Tag und die Nacht!
Und teilt die Zeiten ein:
Tage und Feste und Jahre!"
So geschah es.
Gott machte die Sonne,
die große Leuchte für den Tag,
und den Mond, das kleine Licht für die Nacht,
dazu noch all die vielen Sterne.
Und Gott sah alles an: Es war gut.
Es wurde Abend und wieder Morgen: der vierte Tag.

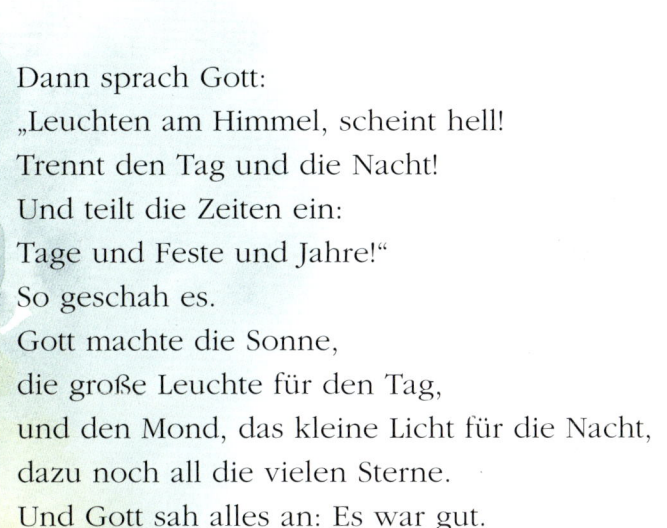

Dann sprach Gott:
„Fische, schwimmt im Wasser!
Vögel, fliegt durch die Lüfte!"
Gott machte die vielen Tiere,
die im Wasser und in der Luft leben:
Delfine und Kolibris,
Krokodile und Schmetterlinge,
Seesterne und Marienkäfer.
Und Gott sah alles an: Es war gut.

Dann sprach Gott:
„Kriecht und springt und hüpft, ihr Tiere auf dem Land!"
Gott machte alle Tiere im Wald und in der Wüste,
im Dschungel und in der Steppe, in den Bergen
und an den Küsten:
Löwen und Schafe, Bären und Ziegen,
Igel und Schlangen.
Und Gott sah alles an: Es war gut.

Dann sprach Gott
„Nun will ich ein Wesen erschaffen, das mir gleicht.
Ich will Menschen machen."
Und Gott machte den Menschen nach seinem Bild,
einen Mann und eine Frau.
Und Gott sagte zu ihnen:
„Vermehrt euch und
breitet euch über die ganze Erde aus!
Ihr sollt Macht haben über die Fische im Meer,
über die Vögel in der Luft
und alle Tiere auf der Erde.
Gebt gut auf sie acht und sorgt für sie!"

Und Gott sah alles an, was er gemacht hatte:
Es war alles sehr gut.
Es wurde Abend und wieder Morgen:
der sechste Tag.

14

Nun gab es Himmel und Erde
und alles, was lebt und atmet.
Gott hatte alles wunderbar geschaffen.
Am siebten Tag war sein Werk vollkommen
und Gott ruhte von seiner Arbeit aus.
Gott sagte:
„Dieser Ruhetag soll den Menschen heilig sein.
Am siebten Tag sollen sie wie ich
von ihrer Arbeit ausruhen.
Dann sollen sie an mich, ihren Schöpfer,
denken."

So hat Gott Himmel und Erde geschaffen.

Ganz leise steht die Mutter auf. Jonathan ist eingeschlafen, während sie erzählt hat. Auch Ester sind schon die Augen zugefallen. „Gut, dass ich jetzt Bescheid weiß über die Welt", murmelt sie. „Wie das ist mit Gott und den Menschen, das musst du mir morgen erzählen. Jetzt bin ich dafür ein bisschen zu müde. Gute Nacht, Mutter!"
„Gute Nacht, mein Kind", flüstert Mutter und löscht das Talglicht.

Der Garten
in Eden

Als Ester und Jonathan am nächsten Morgen wach werden, können sie hören, dass Besuch gekommen ist. Die beiden freuen sich sehr, als sie Großvater mit ausgebreiteten Armen empfängt. Jubelnd fallen sie ihm um den Hals. Wenn Großvater Jehu da ist, wird es ihnen nie langweilig.

„Großvater, Großvater", ruft Ester. „Bitte, du musst uns eine Geschichte erzählen. Ich möchte so gerne wissen, wie es war am Anfang mit Gott und den Menschen."

„Da hast du dir aber viel vorgenommen für heute", lacht Großvater Jehu. „Diese Geschichte ist schön und schaurig, das werdet ihr schon merken. Und spannend ist sie auch."

Er setzt sich auf eine Matte auf dem Boden und nimmt seine beiden Enkel auf den Schoß: „Hört gut zu, ihr beiden!"

Am Anfang, als Gott Himmel und Erde macht, gibt es noch kein Gras, keine Büsche und keine Bäume. Es gibt auch niemanden, der auf der Erde wohnt.

Da nimmt Gott lehmigen Ackerboden und knetet daraus einen Menschen. Gott bläst ihm in die Nase, damit Leben in ihn kommt. „Hatschi!", macht der erste Mensch aus Lehm und streckt seine Glieder. Gott nennt ihn Adam, das bedeutet „Mensch aus Erde".

Dann geht Gott nach Osten, in die Gegend von Eden. Mitten durch diese herrliche Landschaft fließt ein breiter Wasserstrom. Dort legt Gott einen großen Garten an. Ringsherum macht er eine hohe Mauer.

In den Garten pflanzt Gott viele verschiedene Bäume. Sie sind groß und schön und ihre Früchte schmecken wunderbar. Die prächtigsten Bäume stehen in der

Mitte: der Baum des Lebens und der Baum des Wissens. Gott bringt Adam in diesen Garten, damit er ihn pflegen soll. Gott sagt zu ihm: „Du kannst die Früchte von allen Bäumen im Garten essen. Nur von den beiden Bäumen in der Mitte musst du die Finger lassen. Wenn du die Früchte vom Baum des Lebens oder vom Baum des Wissens isst, musst du sterben."

Außer Adam gibt es sonst niemanden im Garten. Ganz still ist es dort. Adam fühlt sich einsam und wird von Tag zu Tag trauriger. Da sagt sich Gott: „Es ist nicht gut, dass Adam so allein ist. Ich werde ein Wesen schaffen, das zu ihm passt." Deshalb formt Gott viele verschiedene Tiere aus Lehm, bläst ihnen Leben ein und bringt sie zu Adam. Der gibt jedem Tier einen Namen. Adam bestimmt: „Du bist ein Igel, du ein Schaf und du ein Hase. Dich nenne ich Kakadu und dich Schwein. Du heißt Giraffe, du Elefant und du Löwe." Aber keines der Tiere passt richtig zu Adam. Keines kann ihm helfen, den Garten zu pflegen. Keines kann mit ihm reden oder spielen oder lachen. Darüber ist Adam sehr enttäuscht.
Auch Gott sieht, dass die Tiere nicht zu Adam passen. Deshalb lässt er Adam in einen tiefen Schlaf fallen. Dann nimmt Gott

eine Rippe aus Adams Brust und lässt die
Stelle wieder zuwachsen. Aus der Rippe
macht er den zweiten Menschen, eine Frau. Als
Adam aufwacht und die Frau sieht, freut er sich riesig.
Er ruft: „Endlich gibt es eine, die zu mir passt! Wir gehören zu-
sammen, denn sie ist wie ich, mein Fleisch und Blut." Und er
nennt sie Eva, das bedeutet „Leben".
Adam und Eva passen so gut zueinander wie zwei Hälften, die zusam-
mengehören. Von da an sind sie ein Paar und leben als Mann und
Frau. Nackt, wie Gott sie geschaffen hat, wohnen die beiden im Garten
Eden und haben große Freude aneinander.

Der Baum des Wissens

„Das war schon alles?", meint Jonathan. „Was soll denn daran schaurig gewesen sein?" Er ist enttäuscht, denn Jonathan gruselt sich gern.

„Geduld, mein Kind", sagt Großvater mit einem Lächeln. „Das Unglück lässt nicht mehr lange auf sich warten. Eine ganze Zeit lang leben Adam und Eva fröhlich und unbeschwert im Garten Eden – Gott hat sie mit allem versorgt, was sie brauchen. Die beiden müssen sich keine Sorgen machen und niemand tut ihnen etwas zuleid. Deshalb nennen sie den Garten Eden auch „unser Paradies": Das ist eigentlich ein schöner Park mit einem großen Zaun drumherum, damit niemand hereinkommen kann, der die Leute drinnen stört. Aber der Störenfried, der ist schon längst da – und zwar das listige Schlangentier!"

Die Schlange ist klüger als alle anderen Tiere, die Gott gemacht hat. Eines Tages taucht sie vor Eva auf, die gerade in der Mitte des Gartens mit Adam Verstecken spielt. Eva hat sich hinter den Baum des Wissens versteckt. Er ist groß und breit und hängt voller herrlicher Früchte. Eva fragt sich, wie sie wohl schmecken.

Da lässt sich die Schlange lautlos von einem großen Ast gleiten und flüstert Eva ins Ohr: „Zu schade, dass du die Früchte von den Bäumen im Garten nicht essen darfst!"

„Natürlich darf ich", erwidert Eva. „Nur die beiden Bäume in der Mitte dürfen wir nicht anrühren. Gott hat gesagt: ‚Esst nichts davon, sonst müsst ihr sterben!'"

„Ach Unsinn!", zischt die Schlange. „davon stirbt man doch nicht! Das hat Gott bloß gesagt, weil er weiß, was passiert, wenn du von diesen Früchten isst."

„Ja, aber – was passiert denn dann?", fragt Eva neugierig.

„Sobald du davon isst", erklärt die Schlange, „wirst du klug werden, genau wie Gott. Du wirst alles erkennen – die guten, aber auch die bösen Dinge. Dann brauchst du keinen mehr, der dir sagt, was du tun sollst. Dann kannst du alles selbst bestimmen."

Eva schaut hinauf in den Baum. Es scheint ihr, als lachten sie seine Früchte an. Sie sehen süß und saftig aus! Und das Beste ist: Sie machen einen so klug und weise, wie Gott es ist! Eva kann nicht anders – sie pflückt eine Frucht und beißt hinein.

Da kommt Adam und ruft: „Jetzt hab ich dich gefunden!" Eva hält ihm die Wissensfrucht hin: „Hier! Versuch mal! Schmeckt köstlich!" Ohne nachzudenken, nimmt auch Adam einen Bissen von der Frucht. Dann sehen sich beide an.

„Meine Güte, du bist ja nackt!", ruft Adam. Eva erwidert: „Sieh dich doch selber mal an!" Schnell verstecken sie sich im hohen Gras, weil sie sich plötzlich voreinander schämen. Eva pflückt ein paar große Blätter von einem Feigenbaum und flicht sich daraus einen Rock. Adam tut es ihr nach und macht sich einen Lendenschurz aus Feigenblättern.

Es wird Abend. Um diese Zeit geht Gott immer im Garten spazieren. Als Eva ihn kommen hört, ruft sie Adam zu: „Schnell, versteck dich! Er kommt!" Die beiden kriechen hinter einen Holunderstrauch. Sie hören Gott rufen: „Adam, Eva, wo seid ihr?"

Adam macht „Pst!" und zieht Eva noch tiefer nach unten. Gott geht weiter durch den Garten und ruft: „Adam, Eva! Gebt doch Antwort!" Nach einer Weile antwortet Adam: „Hier bin ich. Aber ich habe Angst vor dir. Ich trau mich nicht raus, weil

ich ganz nackt bin. Deshalb
habe ich mich versteckt."
„Woher weißt du, dass du nackt
bist?", fragt Gott. „Hast du etwa von
den Früchten des Wissens gegessen
– obwohl ich es dir verboten habe?"
„Ich ... ich kann nichts dafür", stammelt
Adam und zeigt auf Eva. „Sie ist schuld. Sie
hat mir davon zu essen gegeben."
Gott fragt Eva streng: „Was hast du da nur getan?"
„Ich kann nichts dafür", sagt Eva schnell. „Die Schlange
ist schuld. Sie hat mich zum Essen angestiftet."
Da verflucht Gott die Schlange: „Als Strafe dafür sollst du dein Leben lang auf dem Bauch kriechen und Staub fressen!"

„Jetzt wissen die beiden, was gut und was schlecht ist", sagt sich Gott. „Adam und Eva kön-
nen nicht im Garten bleiben. Sonst essen sie womöglich auch noch vom Baum des Lebens
und werden ewig leben!" Zu den Menschen sagt Gott: „Ihr könnt nicht mehr hierbleiben.
Ihr müsst hinaus in die Welt. Von jetzt an werdet ihr für euch selber sorgen."
Zu Eva sagt er: „Du wirst Schmerzen haben, wenn du deine Kinder bekommst."
Und zu Adam sagt er: „Du wirst hart arbeiten müssen, damit auf deinem Acker etwas
wächst. Viel Mühe und Schweiß wird dich dein tägliches Brot kosten."
Adam und Eva erschrecken. Voller Furcht fragen sie sich, ob Gott nun wohl nichts mehr
von ihnen wissen will. Doch da sehen sie sein Abschiedsgeschenk: Gott hat ihnen
Kleider aus Fellen gemacht. „Also hat er uns doch noch lieb!", sagen sie sich und sind
ein wenig erleichtert. Dann schickt sie Gott aus dem Paradiesgarten hinaus und schließt
das Tor hinter ihnen zu. Damit niemand mehr zum Baum des Lebens kommen kann,
stellt Gott einen Wächterengel vor den Eingang zum Garten Eden.
Adam und Eva machen sich auf den Weg hinaus in die Welt. Aber sie sind nicht allein
– Gott geht mit ihnen, denn die Menschen bleiben, was sie von Anfang an gewesen sind:
seine geliebten Kinder.

„War das die ganze Geschichte?", fragt Jonathan. „Erzähl doch, wie es mit den beiden weitergeht!", bittet Ester. Großvater Jehu kratzt sich am Bart und sagt: „Sorgen und Nöte haben Adam und Eva im Paradies nicht gekannt. Aber nun gehören sie mit zu ihrem Leben. Die beiden müssen von nun an hart für ihr tägliches Brot arbeiten. So ist das bis heute", meint Großvater Jehu und steht vom Boden auf.

„Wir haben jetzt auch etwas zu arbeiten", sagt er. „Kommt mit, ihr beiden! Dann helfen wir euren Eltern auf dem Feld." Ester und Jonathan machen lange Gesichter.

„Und wenn ihr richtig fleißig gewesen seid", verspricht der Großvater schmunzelnd, „dann erzählt euch heute Abend euer Vater, was aus den Kindern geworden ist!"

Noach und die große Flut

Am Abend erzählt der Vater den beiden Geschwistern: „Wisst ihr, auch die Söhne von Adam und Eva haben sich gestritten, so wie ihr beide manchmal. Aber anders als bei euch beiden ging der Streit ganz böse aus: Da hat ein Bruder den anderen totgeschlagen."

„Was hat Gott da gemacht?", will Jonathan wissen.

„Was hättest du denn an seiner Stelle getan?", fragt Vater zurück.

„Also", überlegt Jonathan, „wenn meine Geschöpfe so böse wären, wollte ich sie nicht mehr haben. Ich würde mir neue, bessere erschaffen."

„Aber die Menschen sind doch kein Spielzeug!", schimpft Ester los. „Die kann man nicht einfach wegwerfen, wenn man sie nicht mehr mag. Die Menschen sind schließlich Gottes Kinder, hat Großvater Jehu gesagt! Da muss Gott sich doch um sie kümmern!"

Vater lächelt: „Tja, was wird Gott mit seinen missratenen Geschöpfen machen?"

Überall auf der Erde wohnen nun Menschen – so, wie es Gottes Plan gewesen ist. Aber sie kümmern sich nicht mehr um ihren Schöpfer. Die Menschen lügen und betrügen, streiten und bekämpfen sich. Sie schlagen sich sogar gegenseitig tot. Das gefällt Gott ganz und gar nicht.

Einen gibt es allerdings, an dem hat Gott Freude. Er heißt Noach und ist ein Bauer. Mit seiner Familie wohnt Noach draußen vor der Stadt. Seine drei Söhne helfen ihm bei der Arbeit auf dem Feld. Ihre Frauen kümmern sich um das Haus.

Einmal in der Woche geht Noach auf den Markt in der Stadt, um sein Gemüse zu verkaufen. Dort kann er sehen, wie gemein die Leute in der Stadt zueinander sind. Das macht Noach zornig. „Wenn ich Gott, der Herr, wäre", sagt er am Abend zu seiner Frau, „ich würde das ganze Menschengeschlecht von der Erde fegen!"

„Und was wäre dann mit uns?", fragt Frau Noach. „Da kann ich nur beten, dass Gott Mitleid mit uns hat."

Am nächsten Morgen ruft Noach seine Familie zu sich. „Heute Nacht hatte ich einen Traum", sagt er. „Gott hat zu mir gesprochen. Er sagte: ‚Ich will die Menschen nicht mehr auf der Erde haben, weil ihr Herz so voller Bosheit ist. Nur dich und deine Familie will ich retten.'"

Da erschrecken alle und rufen durcheinander: „Was wird geschehen?", „Wie will Gott uns retten?", „Was sollen wir tun?"

Noach antwortet: „Gott hat mir befohlen: ‚Bau eine Arche! Denn eine große Wasserflut wird kommen. Alles

Leben auf der Erde wird untergehen. Aber mit dir will ich einen neuen Anfang machen. Geh in die Arche mit deinen Söhnen, mit deiner Frau und den Frauen deiner Söhne! Und von jeder Art von Tieren nimmst du ein Paar mit in die Arche. Dann bleiben auch sie am Leben.'"

„Aber", fragt Frau Noach ratlos, „was in aller Welt ist eine Arche?"

Noach erklärt: „Das ist ein riesiger Kasten aus Holz. Im Traum hat mir Gott ganz genau beschrieben, wie er gebaut sein soll. Noch sieben Tage haben wir Zeit – dann schickt Gott die große Flut."

Noach holt sein Werkzeug und sagt: „Lasst uns gleich anfangen. Wir müssen uns beeilen!" Als die Nachbarn sehen, dass Noach und seine Söhne ein Schiff auf ihrem Acker bauen, werden sie von allen ausgelacht. „Eine Flut soll kommen?", rufen sie. „Der alte Noach hat wohl einen Becher zuviel von seinem Wein getrunken!"

Aber Noach arbeitet weiter von morgens bis abends an der Arche. Seine Söhne besorgen ihm eine Menge Holz und Pech, um die Arche wasserfest zu machen. Ihre Frauen sammeln Futter für die Tiere. Nach sechs Tagen sind sie schließlich fertig. Jetzt kann Noach die Tiere an Bord treiben, immer zwei und zwei: Herrn und Frau Löwe, das Ehepaar Schwein, den Esel und seine Eselin und all die anderen Tiere, von der kleinsten Maus bis zu der größten Giraffe. Voller und voller wird die Arche. Als Letzte geht Familie Noach an Bord. Als alle in der Arche sind, schließt Gott selbst hinter ihnen zu.

Und dann kommt der Regen. Es prasselt ohne Unterlass. Das Wasser steigt höher und höher. Vierzig Tage lang regnet es. Alles, was auf der Erde lebt, versinkt im Wasser. Die Arche aber wird hoch gehoben und schwimmt auf den Fluten. So werden Noach, seine Familie und mit ihnen alle Tiere in der Arche gerettet.

Viele Wochen lang treiben sie auf dem Wasser. In den Kammern unter Deck ist es eng und stickig. Die Tiere werden immer unruhiger. Deshalb machen sich die Frauen Sorgen: „Bald ist unser Futtervorrat aufgebraucht. Was sollen wir dann tun?" Aber Noach meint: „Ihr werdet schon sehen: Gott denkt an uns und hält sein Versprechen. Bald wird das Wasser wieder sinken."

Am anderen Tag erhebt
sich ein Wind und bläst
das Wasser weg. Die Arche
sinkt immer tiefer. Schließlich
setzt sie auf dem Gipfel eines
Berges auf. Nach ein paar Tagen öffnet
Noach ein kleines Fenster und lässt eine
weiße Taube fliegen. Den ganzen Tag über
halten alle Ausschau nach ihr. Spät am Abend kommt
sie wieder und lässt einen Ölbaumzweig in Noachs Hand
fallen. Dann fliegt sie wieder davon und kommt nicht mehr
zurück. „Die Taube hat einen Baum gefunden!", ruft Noach
voller Freude. „Bald ist das Wasser ganz abgeflossen, die Flut
ist zu Ende! Jetzt wird alles gut!"
Ein paar Tage später können alle die Arche endlich wieder
verlassen. Auch die Tiere lässt Noach hinaus. Sie laufen,
traben, stampfen und kriechen ins Freie, so schnell sie ihre
Beine tragen.
Noach aber baut einen Altar und bringt Gott ein Dankopfer
dar. Auf einmal spannt sich ein riesiger Regenbogen über
das Land. Noach sagt: „Gott schickt uns ein Zeichen der Ver-
söhnung! Er will einen neuen Bund mit den Menschen
schließen. Jetzt wird Gott keine Flut mehr zur Strafe schicken!"
Seine Frau freut sich: „Gott meint es gut mit uns und mit
unseren Kindern! Daran können wir immer denken, wenn
wir seinen bunten Bogen am Himmel sehen."
So breiten sich die Menschen wieder über die Erde aus
– und Gott sorgt für sie, Tag für Tag.

„Und das gilt immer noch?", will Jonathan wissen, als sein Vater die Geschichte von Noach zu Ende erzählt hat. „Was gilt immer noch?", fragt Vater. „Dass Gott sich es anders überlegt hat und gut auf die Menschen aufpasst, auch wenn sie etwas Schlimmes gemacht haben", sagt Jonathan.

„Ja", sagt Vater, „das gilt immer noch."

„Da bin ich aber froh!", meint Jonathan. „Weil ich auch nicht immer artig sein kann!"

Vater lacht und strubbelt Jonathan durch die Haare.

„Gott ist ein bisschen so wie du und Mutter", sagt Ester. „Manchmal schimpft ihr und seid wütend, wenn wir etwas angestellt haben. Aber dann nehmt ihr uns doch wieder in den Arm und alles ist wieder gut. Das finde ich prima!"

Ein Turm, der in den Himmel reicht

„Ester, schau!", ruft Jonathan aufgeregt. „Da kommen Männer auf Kamelen!" Und richtig: Eine ganze Karawane zieht durchs Dorf.

Einer der Männer steigt vom Kamel und sagt etwas zu Jonathan. Aber der kann ihn nicht verstehen. Der Mann versucht es bei der Nachbarin Pua. Sie führt ihn zum Brunnen.

„Was will der Mann?", fragt Jonathan. „Warum kann ich ihn nicht verstehen?"

„Er braucht Wasser für seine Kamele", sagt Pua. „Und er hat auf Ägyptisch gefragt."

„Warum spricht er nicht so, dass ich ihn verstehe?", mault Jonathan.

„Weil er unsere Sprache nicht kann, du Dummerjan", platzt Ester heraus.

Aber Jonathan lässt nicht locker: „Warum gibt es überhaupt verschiedene Sprachen? Das ist doch blöd, wenn man nicht miteinander reden kann!"

„Dazu gibt es eine alte Geschichte", sagt Pua. „Wenn ihr mögt, erzähle ich sie euch."

Vor langer, langer Zeit sprachen alle Menschen auf der Erde dieselbe Sprache – jeder konnte den anderen gut verstehen. Irgendwann wollten sie aber nicht mehr von Ort zu Ort ziehen. Sie wollten in schönen Häusern aus Ziegelsteinen wohnen. Deshalb zogen sie in ein schönes Tal. Dort bauten sie viele Häuser aus roten Lehmziegeln. Schnell wurde ihre Stadt größer. Bald war sie so gewachsen, dass sie bis zum Horizont reichte. Wer auf dem Tor am einen Ende der Stadt stand, konnte das Stadttor auf der anderen Seite nicht sehen – so riesig war die Stadt. Deshalb beschlossen die Menschen eines Tages: „Wir bauen einen großen Turm – den höchsten Turm der Welt! So mächtig soll er werden, dass seine Spitze bis in den Himmel ragt. Diesen Turm bauen wir mitten in unsere Stadt. Dann können ihn alle sehen. Der Turm zeigt allen, dass wir zusammengehören. Und er macht uns berühmt!" Alle fanden diesen Plan gut. Gleich am nächsten Morgen fingen sie an, viele Ziegel aus Lehm zu machen. Tag um Tag bauten sie an ihrem Turm. Die Arbeit war hart und gefährlich. Aber ihre Mühe lohnte sich: Der Turm wurde immer höher und höher, bis seine Spitze schließlich den Himmel berührte. Schon von Weitem konnte man diesen Turm sehen. Immer mehr Leute kamen von nah und fern. Sie wollten auch dazugehören – und so wurde die Stadt immer noch größer.

Gott sah, wie emsig die Menschen an ihrem Turm bauten. Ihm gefiel der große Turm überhaupt nicht. Gott sagte: „Es ist nicht gut, was die Menschen alles können, wenn sie sich einig sind und zusammenarbeiten. Bald werden sie glauben, sie brauchen mich nicht mehr. Sie denken nur noch an ihren Turm. Mich werden sie vergessen. Sie werden machen, was ihnen gerade einfällt – ohne zu überlegen, ob es gut ist für sie. Das darf nicht sein!"

Und Gott verwirrte ihre Wörter – so, dass die Menschen sich nicht mehr verstanden, wenn sie miteinander redeten. Die Menschen sprachen jetzt in verschiedenen Sprachen. So konnten sie nicht mehr alle zusammenarbeiten und hörten auf, an der großen Stadt und ihrem großen Turm zu bauen. Und weil sie sich nicht mehr verstehen konnten, wollten sie auch nicht mehr in der großen Stadt zusammenwohnen. Die einen zogen nach Osten, die anderen nach Süden, andere wollten in den Norden und der Rest ging nach Westen. So wurden die Menschen in die weite Welt verstreut, weil Gott ihre Sprache verwirrt hat.

„Hat es diese Stadt wirklich gegeben?", fragt Jonathan. „Wie heißt sie?"
„Diese Stadt wird Babel genannt", antwortet Pua. „Das bedeutet Verwirrung, weil Gott hier die Sprache der Menschen verwirrt hat. Manche sagen, es ist die Stadt Babylon, weit weg von hier, im Land der zwei Flüsse. Aber das weiß niemand so genau, denn das alles ist schon so lange her!"

„Wie gut, dass wir eine Sprache sprechen!", meint Ester. „Wo ich doch so gerne die alten Geschichten höre!"

„Ja, ich auch", meint Jonathan. „Und gut, dass Pua mich versteht, wenn ich zu ihr sage: ‚Jetzt habe ich Durst – mindestens wie zehn Kamele!'"

Pua lacht – und lädt die beiden zu Weintrauben und einem kühlen Schluck Wasser ein.

Genau wie Ester und Jonathan kennst du jetzt die Geschichten vom Anfang der Welt. So wie sie sich die Menschen vor langer Zeit erzählt haben, sind sie in der Bibel aufgeschrieben. Aber sie erzählt noch viel mehr über Gott und seine Geschichte mit den Menschen.

31

Gott ruft Abraham

In den Geschichten vom Anfang der Welt spricht Gott so mit den Menschen, wie deine Eltern mit dir sprechen. Nach der großen Flut ändert sich das. Gott bleibt nun für die Menschen unsichtbar – auch wenn du ihn in diesem Buch als Mann mit Bart gemalt siehst. Der Mann mit dem Bart soll dir im Bild zeigen, dass Gott da ist. Die Bibel erzählt, dass nach der großen Flut nur noch wenige Männer und Frauen Gottes Stimme hören und verstehen können. Einer davon ist Abraham. Gott hat viel mit ihm vor und gibt ihm seinen Segen: Gott verspricht, dass er Abraham begleiten und beschützen will – und dass er Abraham Glück schenken wird, sein ganzes Leben lang.

Jeder in der Stadt Haran kennt Abraham. Er hat ein prächtiges Haus und viele Diener. Abraham und seine Frau Sara können sich jeden Wunsch erfüllen. Nur eines haben die beiden nicht: ein Kind. Darüber sind sie sehr traurig

Eines Tages kommt Abraham ganz aufgeregt zu seiner Frau. Er sagt: „Wir gehen fort von hier! In ein anderes Land!"

Sara ist ganz verwirrt: „Aber warum sollen wir weggehen? Hier sind all unsere Freunde und Verwandten. Wir haben es gut in Haran. Warum willst du nicht hierbleiben?"

Abraham antwortet: „Weil Gott es so will. Er hat zu mir gesagt: ‚Geh fort aus deiner Heimat und von deinen Verwandten! Zieh mit Sara in ein Land, das ich dir zeigen werde! Ich will dich segnen.

Aus deinen Kindern und Enkeln wird einmal ein großes Volk werden. Ihnen werde ich Glück und Segen bringen, sodass es alle Welt sehen kann.'"

„Gott will uns ein Kind schenken im neuen Land?", fragt Sara ganz aufgeregt. „Dann lass uns gehen!"

Abraham und Sara packen alles zusammen, was ihnen gehört: Teller und Kissen, Kleider und Teppiche, Lampen und Kochtöpfe. Auch Abrahams Viehherden, seine Knechte, seine Mägde und deren Kinder gehen mit auf die Reise. Abraham kauft viele Zelte. Und er kauft Esel und Kamele, um sie zu tragen. Dann brechen Abraham und Sara auf.

Viele Wochen und Monate zieht Abraham mit seinen Leuten durch felsiges, trockenes Land. Der Weg ist weit und gefährlich. Sie müssen über hohe Gebirge und durch steile Schluchten gehen, wo sich Räuber gut verstecken können.

Ein Sohn für Abraham und Sara

Eines Nachts kann Abraham nicht schlafen. Er macht sich Sorgen, ob die Schafe und Ziegen auch genug zu fressen finden. Immer wieder stirbt eines der Lämmer, weil es zu schwach für die anstrengende Reise ist. Dann kommen die Geier und holen es sich. Geduldig warten sie, bis es wieder ein totes Tier gibt.

Auf einmal hört Abraham, wie Gott zu ihm sagt: „Hab keine Angst, Abraham! Ich beschütze dich. Alles wird gut gehen und am Ende werde ich dich reich belohnen."

Abraham erwidert: „Ach Herr, ich brauche keine Reichtümer. Was ich mir wirklich wünsche, ist ein Sohn! Aber meine Frau und ich, wir könnten doch schon lange Großeltern sein. Für ein Kind ist es zu spät!"

Er spürt, wie Sara zu ihm kommt und sich an ihn klammert. Sie hat Abraham reden gehört und sich allein im Bett gefürchtet.

Da hört Abraham Gottes Stimme. Sie sagt: „Ihr werdet einen Sohn bekommen. Siehst du die Sterne am Himmel? Kannst du sie zählen? So viele Nachkommen wirst du haben, wie du Sterne am Himmel siehst!"

Da weiß Abraham: Gott hat sein Versprechen nicht vergessen. Er wird es auch halten.

Abraham vertraut auf Gott und zieht mit seiner Frau und seinen Leuten weiter nach Süden, nach Kanaan. Der Weg führt sie in ein grünes Tal mit hohen Bäumen. Ein Fluss fließt hindurch. Dort machen sie Rast, damit die Tiere Wasser und Futter bekommen. Abraham sieht sich um und weiß auf einmal: „Hier ist es. Dies ist das Land, von dem Gott gesprochen hat." Und er nimmt einige Steine und baut einen Altar. So dankt er Gott dafür, dass sie gesund und wohlbehalten in Kanaan angekommen sind.

Doch Abraham will noch weiter nach Süden. Er zieht mit seinen Herden von einem Weideplatz zum anderen. Eines Tages kommen sie zu einem Eichenwald. Dort gefällt es Sara gut. „Lass uns hier bleiben", bittet sie ihren Mann. Also lässt Abraham die Zelte aufschlagen.

Ein paar Tage später, um die Mittagszeit, brennt die Sonne heiß vom Himmel. Sara ruht sich drinnen im Zelt aus. Abraham sitzt draußen vor dem Zelt im Schatten. Auf einmal kommt er herein und sagt: „Wir haben Besuch! Drei vornehme Fremde sind gekommen. Ich habe sie zum Essen eingeladen! Back uns doch ein gutes Fladenbrot!" Dann fragt Abraham: „Wo ist Elieser? Ich muss ihn finden." Sara hört, wie er ihrem Knecht befiehlt, ein Kalb zu schlachten. Sie staunt: „Sonst gibt es Kalbsbraten nur, wenn Abraham ein Fest feiern will." Sara fragt sich: „Für wen will Abraham ein Festessen geben?"
Neugierig schleicht sie sich zum Zelteingang und lauscht. Sara hört, wie einer der Fremden nach ihr fragt. Sie spitzt die Ohren. Da sagt der Fremde: „Nächstes Jahr um diese Zeit wird deine Frau einen Sohn haben!"
Sara kann nicht glauben, was sie da hört. Sie kann doch kein Kind mehr bekommen! Und Abraham ist auch schon viel zu alt dazu. Sara lacht laut auf. Dann hält sie sich die Hand vor den Mund. Hoffentlich haben sie die Männer draußen nicht gehört!
Aber da fragt der Fremde auch schon: „Warum lacht Sara? Meint sie, das geht nicht? Für Gott ist nichts unmöglich!"
Jetzt erschrickt Sara. Gottes Boten ausschwindelt: „Herr, Gott hat diese Männer geschickt! Und sie hat gelacht! Schnell geht sie zu dem Fremden und du musst dich irren! Ich habe nicht gelacht!"

„Doch", sagt der Gottesbote. „das hast du!" Nach dem Essen brechen die Männer auf und gehen weiter.

Einige Wochen später weiß Sara: Sie wird tatsächlich ein Kind bekommen. Und ein Jahr nach dem Besuch der drei Gottesboten wird Saras Sohn geboren. Alle sind froh und glücklich darüber. Deshalb bestimmt Sara: „Er soll Isaak heißen!" Dieser Name bedeutet „Lachen" und damit will sich Sara bei Gott bedanken, dass sie jetzt vor Freude lachen kann. Nun wird sie immer daran denken: Gott hält, was er verspricht.

Jakob erschwindelt sich den Segen

Als Isaak erwachsen ist, heiratet er Rebekka. Sie kommt auch aus Haran, wie Abraham. Isaak und Rebekka bekommen zwei Söhne: Jakob und Esau. Die beiden sind Zwillinge, aber sie gleichen sich gar nicht und streiten sich oft. Esau geht gerne auf die Jagd und bringt seinem Vater oft ein gutes Stück Wild nach Hause. Deshalb ist er der Lieblingssohn von Isaak. Jakob dagegen bleibt lieber zu Hause im Zelt und hilft seiner Mutter. Deshalb ist Jakob der Liebling von Rebekka.

Früh am Morgen geht Jakob immer als Erstes zu den Ziegen und Schafen. Er lässt sie hinaus auf die Weide und füllt die Tränke mit frischem Wasser. Dann sieht er eine Weile zu, wie die Lämmer um ihre Mütter herumtollen.

Jakob schaut hinüber zum großen Zelt, wo sein Vater Isaak wohnt. Früher, als Isaak noch gut sehen konnte, ist er um diese Zeit oft mit seinem Zwillingsbruder Esau zum Jagen gegangen. Aber seit Isaak alt und blind geworden ist, verlässt er das Zelt nicht mehr. Jakob ist das gerade recht. Er hat sich mit seinem Vater noch nie besonders gut verstanden – und mit dessen Liebling Esau auch nicht. Ein ungehobelter, wilder Kerl ist der, denkt Jakob, ein richtiger Herumtreiber.

Da sieht Jakob, wie jemand aus dem Zelt kommt. Es ist sein Bruder. Esaus roter Haarschopf leuchtet richtig in der Morgensonne. Esau holt seinen Bogen und die Pfeile, dann steckt er sein Jagdmesser in die Tasche und geht davon. „Der will auf die Jagd", denkt Jakob. „Den sehen wir erst heute Abend wieder."

Da kommt noch jemand. Es ist Rebekka, seine Mutter. Warum hat sie es so eilig?
„Jakob", keucht Rebekka. „gerade habe ich es gehört. Dein Vater will Esau heute Abend
den Segen schenken. Du weißt schon, den Segen, mit dem Gott deinen Großvater
Abraham gesegnet hat. Das darf nicht geschehen. Wir müssen uns etwas einfallen lassen!"
„Aber warum denn?", fragt Jakob. „Esau ist nun mal der Ältere von uns beiden. Da erbt
er alles, was Vater gehört. Auch den Abrahamssegen."
„Gott will, dass du ihn bekommst", sagt Rebekka. „Als ihr beide noch nicht geboren
wart, hat Gott zu mir gesagt: ‚Zwei Kinder kämpfen in deinem Bauch. Das jüngere wird
über das ältere herrschen. Beide werden große Familien haben, aus denen einmal zwei
große Völker werden.' Deshalb musst du den Segen heute Abend bekommen – und nicht
dein Bruder Esau!"
„Aber wie willst du das anstellen?", fragt Jakob. „Soll ich etwa Esau spielen und Vater
überlisten?"
„Genau so habe ich mir das gedacht", sagt Rebekka. „Dein Vater hat Esau auf die Jagd
geschickt, weil er heute Abend einen Braten essen will. Aber wir zwei schaffen das
schneller als Esau. Du schlachtest zwei von den Ziegenböckchen. Die koche ich mit vielen Kräutern und Gewürzen, dann schmeckt es wie frisches Reh. Den Braten bringst
du dann deinem Vater. Dann wird er dir den Segen geben."
„Aber Vater wird es merken", erwidert Jakob. „Er wird riechen und fühlen, dass ich nicht
Esau bin. Ich stinke nicht nach Wald und Schweiß wie er. Und an den Armen hat Esau
viel mehr Haare als ich, ein richtiges Fell."
„Du ziehst einfach Kleider von deinem Bruder an", sagt Rebekka. „Und um deine Arme
wickeln wir das Fell der Ziegenböcke. Dann merkt dein Vater nichts."
Jakob denkt: „So könnte es klappen. Schließlich ist dieser Segen eine feine Sache.
Und Esau eins auszuwischen, kann nicht schaden." Also machen sich die
beiden ans Werk. Als der Braten

fertig ist, holt Rebekka Esaus Sonntagskleider aus dem Wäschekorb und gibt sie Jakob zum Anziehen. Dann bindet sie ihm das Ziegenfell um die Arme und um den Hals. Als Esau verkleidet, geht Jakob zu seinem Vater ins Zelt. Der alte Isaak fragt:

„Wer kommt zu mir?"

Jakob sagt mit verstellter, tiefer Stimme: „Ich bin's, Esau, dein Erstgeborener. Ich habe das Wild gebracht! Setz dich auf und iss etwas! Dann segne mich!"

Isaak wird misstrauisch: „Wie hast du nur so schnell etwas finden können, mein Sohn?"

Da antwortet Jakob: „Der Herr, dein Gott, hat es mir ent-

gegenlaufen lassen." Er gibt seinen Vater von dem Essen und schenkt ihm einen Becher Wein ein. „Jetzt lass es dir schmecken", sagt Jakob.

Nach dem Essen winkt Isaak Jakob zu sich heran. Er nimmt Jakobs Hände und betastet sie. Dann sagt Isaak: „Gib mir einen Kuss, mein Sohn!" Jakob denkt: „Jetzt wird er gleich merken, dass ich nicht Esau bin." Sein Herz schlägt rasend schnell.

„Seltsam", murmelt Isaak, „die Stimme klingt wie die von Jakob. Aber die Hände sind die von Esau. Und seine Kleider riechen nach Wald und Wildnis." Schließlich legt Isaak doch seine Hand auf Jakobs Kopf und spricht den Segen über ihn:

„Gott lasse das Korn und den Wein auf deinen Feldern wachsen und gedeihen. Er beschütze dich, wo immer du auch hingehst. Gott halte deine Feinde fern von dir. Und wer es gut mit dir meint, der soll es auch gut haben!"
Dann schickt Isaak seinen Sohn hinaus, weil er sich ausruhen will.

Jakob geht in sein Zelt und zieht sich um. Da kommt Rebekka herein. „Du musst fliehen, schnell!", flüstert sie aufgeregt „Esau ist zurückgekommen und hat gemerkt, dass du den Segen hast. Er tobt und schreit, dass er dich umbringen will! Du musst fort von hier, weit fort!"

Sie gibt Jakob ein zusammengeschnürtes Bündel: „Hier sind Kleider und Proviant. Am besten gehst du zu deinem Onkel Laban nach Haran. Dort bleibst du, bis sich dein Bruder wieder ein wenig beruhigt hat." Rebekka gibt Jakob einen Kuss zum Abschied und geht.

Jakob wartet, bis es ganz still ist. Dann schleicht er sich nach draußen und passt auf, dass ihn Esau nicht hören kann. Als er weit genug von den Zelten weg ist, rennt Jakob, so schnell er kann. Er läuft, bis es zu dunkel zum Weitergehen ist.

Endlich bleibt Jakob stehen. Er ist so müde, dass er sich einfach auf den Boden sinken lässt. Jakob legt seinen Kopf auf den Stein und denkt noch: „Ich habe Esau den Segen weggenommen. Was ist, wenn Gott mir jetzt nicht mehr hilft?" Dann schläft er ein.

In dieser Nacht hat Jakob einen Traum: Er sieht eine große Leiter. Sie reicht von der Erde bis um Himmel. Auf ihr sieht Jakob viele Engel. Die einen steigen zum Himmel hinauf, die anderen kommen zur Erde hinunter.

Dann hört Jakob eine Stimme. Sie sagt: „Ich bin der Gott deines Großvaters Abraham und deines Vaters Isaak. Ich lasse dich nicht im Stich. Ich werde dir helfen. Ich beschütze dich, wo du auch hingehst. Und ich bringe dich wieder in dieses Land zurück."

Am nächsten Morgen, als Jakob aufwacht, macht er sich keine Sorgen mehr. Er sagt sich: „Dieser Ort ist heilig. Hier ist das Tor zum Himmel." Jakob nimmt den Stein und stellt ihn auf, damit man gleich erkennt, dass er etwas Besonderes ist. Und Jakob nennt den Ort, auf dem der Stein steht, Bet-El, das bedeutet „Gottes Haus". Voller Zuversicht macht Jakob sich dann auf nach Haran. Jakob weiß: Wohin sein Weg ihn auch führen wird – Gott geht mit.

Jakob kommt wohlbehalten in Haran an. Dort verliebt er sich in seine Cousine Rahel. Jakob muss lange hart für ihren Vater Laban arbeiten, bevor er Rahel heiraten darf. Schließlich kehrt Jakob zusammen mit seiner Familie in seine alte Heimat Kanaan zurück. Dort versöhnt er sich wieder mit seinem Bruder Esau.

Josef, der Träumer

Jakob wohnt jetzt wieder in seiner alten Heimat. Er hatte immer Glück mit seinen Viehherden und ist ein reicher Mann geworden. Jakob hat eine große Familie: zwölf Söhne und eine Tochter. Jakobs besonderer Liebling ist Josef. Als er geboren wird, sind Jakobs andere Söhne schon groß. Jakob verbringt viel Zeit mit Josef und ist lange nicht so streng mit ihm wie mit seinen Brüdern. Deshalb sind sie eifersüchtig auf Josef.

Josef freut sich sehr. Sein Vater Jakob hat ihm einen prächtigen, bunten Mantel machen lassen, wie ihn sonst nur vornehme Prinzen tragen. Josef bekommt viele Geschenke von seinem Vater, denn der liebt Josef mehr als seine anderen elf Söhne. Am Abend nimmt Josef seinen neuen Mantel sogar mit ins Bett.

In dieser Nacht hat er einen seltsamen Traum. Josef kann es nicht lassen, ihn am nächsten Morgen seinen Brüdern zu erzählen: „Ich habe von euch geträumt", sagt Josef. „Auf dem Feld haben wir Kornähren geschnitten und zu Garben zusammengebunden. Auf einmal hat sich meine Garbe aufgerichtet und ist stehen geblieben. Und eure Garben haben sich im Kreis um meine aufgestellt und sich tief vor ihr verneigt."

Seine Brüder sind wütend. Ruben, der Älteste, schimpft los: „Dir ist dein Prinzenmantel wohl zu Kopf gestiegen? Du denkst,

du könntest eines Tages wie ein König über uns herrschen, du Träumer! Aber das werden wir dir schon noch austreiben!"

Jeder kann sehen: Jakobs Söhne haben eine Riesenwut auf Josef. Aber der ist so sehr mit sich selbst beschäftigt, dass er das gar nicht merkt.

Ein paar Tage später zieht Josef seinen neuen Mantel an und macht sich auf den Weg nach Sichem. Dort gibt es die saftigsten Wiesen. Deshalb haben seine Brüder die Schafe und Ziegen dorthin getrieben. Josef will sie besuchen.

Als er bei den Herden ankommt, kann Josef seine Brüder nirgends sehen. Doch auf einmal fallen sie über ihn her, ziehen ihm seinen Mantel aus und zerreißen den Stoff vor seinen Augen. „Was macht ihr da? Was wollt ihr mit meinem Mantel?", fragt Josef verwirrt.

„Den schmieren wir voll Ziegenblut", sagt Ruben. „So wird uns Vater bestimmt glauben, wenn wir ihm erzählen, dass dich ein wildes Tier gefressen hat."

Dann nehmen sie den schreienden Josef und werfen ihn in einen tiefen, ausgetrockneten Brunnen. Dort drin ist es dunkel. Josefs Zähne klappern vor Kälte und Furcht.

Viele Stunden später ziehen ihn seine Brüder wieder aus dem Brunnen heraus.

Sie fesseln ihn an den Händen und führen ihn zu einer großen Karawane. Josef sieht, wie ein Mann seinem ältesten Bruder Ruben zwanzig Silberstücke in die Hand zählt. Jetzt begreift er: Seine Brüder verkaufen ihn als Sklaven!

„Wohin bringt ihr mich?", fragt Josef ängstlich. „Nach Ägypten", sagen die Männer. „Dort zahlen sie viel Geld für so einen wie dich!" Josef erschrickt: So weit fort muss er gehen? Dann wird er seinen Vater wohl nie wiedersehen! Josef schickt ein Stoßgebet zum Himmel: „Guter Gott, verlass mich nicht!"

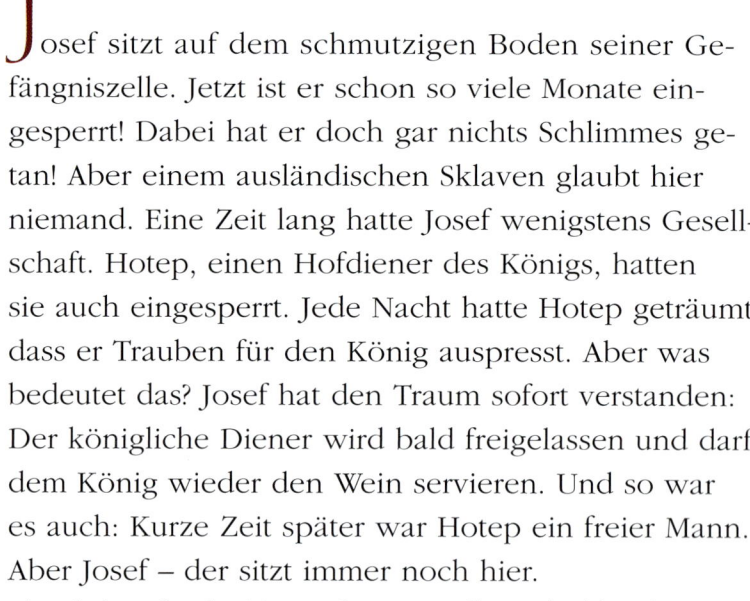

Josef am Hof des Königs

Josef wird an den vornehmen Ägypter Potifar verkauft. Bei ihm geht es Josef am Anfang ziemlich gut. Doch dann erzählt Potifars Frau böse Lügen über Josef und er wird unschuldig ins Gefängnis geworfen.

Josef sitzt auf dem schmutzigen Boden seiner Gefängniszelle. Jetzt ist er schon so viele Monate eingesperrt! Dabei hat er doch gar nichts Schlimmes getan! Aber einem ausländischen Sklaven glaubt hier niemand. Eine Zeit lang hatte Josef wenigstens Gesellschaft. Hotep, einen Hofdiener des Königs, hatten sie auch eingesperrt. Jede Nacht hatte Hotep geträumt, dass er Trauben für den König auspresst. Aber was bedeutet das? Josef hat den Traum sofort verstanden: Der königliche Diener wird bald freigelassen und darf dem König wieder den Wein servieren. Und so war es auch: Kurze Zeit später war Hotep ein freier Mann. Aber Josef – der sitzt immer noch hier.

Plötzlich geht die Tür auf. Das grelle Licht blendet Josef.

„Mitkommen!", brüllt der Gefängniswärter. Dann führt er Josef in den königlichen Palast. Er wird gebadet, rasiert und bekommt neue schöne Kleider zum Anziehen. Die Diener sagen: „Der König will dich sprechen! Deshalb musst du ordentlich aussehen."

Als Josef zum König gebracht wird, verbeugt er sich tief und sagt: „Zu euren Diensten, mächtiger König der Ägypter!"

Der König sagt: „Mein Hofdiener Hotep sagt mir, du kannst Träume erklären!"

Josef antwortet: „Ich nicht – aber Gott sagt mir, was sie bedeuten."

Der Pharao erzählt: „Jede Nacht habe ich einen schlimmen Traum. Auf einem Weizenhalm wachsen

sieben große, schwere Ähren. Daneben stehen sieben kleine, dürre Ähren. Und die sieben mickrigen Ähren fressen die sieben schweren Ähren auf. Ich muss wissen, was dieser Traum bedeutet. Aber keiner konnte es mir bisher sagen."

Josef weiß gleich, was Gott dem König mit diesem Traum sagen will. Er sagt: „Gott hat mir gezeigt, was er vorhat. Die sieben großen Ähren sind sieben Jahre, in denen es viel zu essen gibt in Ägypten. Viel mehr, als die Menschen brauchen. Aber die sieben dürren Ähren sind sieben Hungerjahre, in denen die Menschen nicht viel zu essen haben werden."

Josef zögert einen Moment, dann sagt er: „Darf ich dir einen Rat geben, großer König? Sorge dafür, dass in den sieben guten Jahren große Vorräte gesammelt werden! Dann haben die Menschen in den sieben schlimmen Jahren etwas zu essen und müssen nicht vor Hunger sterben."

Der König staunt: „Das ist ein wirklich guter Plan! Und du wirst mir dabei helfen. Niemand ist so klug und weise wie du, weil dein Gott dir alle Dinge erklärt! Deshalb mache ich dich zum Unterkönig in meinem Reich!"

Zum Zeichen für das neue Amt steckt der König Josef seinen Ring an den Finger. Josef bekommt ein edles weißes Gewand. Dann legt ihm der König eine goldene Kette um den Hals. Jetzt ist Josef der Unterkönig von Ägypten und alle müssen sich vor ihm verneigen. Überall in Ägypten lässt Josef große Vorratshäuser bauen. Sieben Jahre lang werden sie

bis unter das Dach mit Getreide gefüllt. Das ist auch gut so. Denn als die sieben Jahre um sind, kommt eine große Dürre und der Weizen vertrocknet. Überall bricht eine große Hungersnot aus. Nur in Ägypten gibt es noch genug Getreide, um Brot zu backen. Deshalb kommen die Menschen von weit her und wollen beim Unterkönig von Ägypten Getreide kaufen.

Eines Tages kommen elf Männer zu Josef. Sie werfen sich vor ihm auf den Boden und der Älteste von ihnen sagt: „Zu Diensten, edler Unterkönig! Wir sind weit gereist, weil wir Getreide kaufen wollen!"

Josef stutzt. Diese Stimme kommt ihm bekannt vor. Er schaut sich den Mann genau an – und dann traut er seinen Augen kaum: Es ist Ruben, sein ältester Bruder! Und die anderen sind auch alle hier! Doch sie erkennen Josef nicht in seinen vornehmen Kleidern und dem königlichen Schmuck. Schließlich haben sie ihn ja schon lange nicht mehr gesehen. Da kommt Josef eine Idee. Jetzt wird er seinen Brüdern mal eine kleine Lektion erteilen! Josef lässt sich nicht anmerken, dass er seine Brüder erkannt hat, und fragt:

„Woher kommt ihr? Wer seid ihr?"

„Aus Kanaan, Herr!", antwortet Ruben. „Wir sind Brüder und wollen ägyptisches Getreide kaufen. Sonst verhungert unser alter Vater und unsere ganze Familie!"

„Brüder?", sagt Josef. „Gauner seid ihr! Bestimmt seid ihr nur hergekommen, um uns Ägypter auszuspionieren. Aber das soll euch nicht gelingen. Ins Gefängnis kommt ihr!"

Josef winkt seine Soldaten herbei und lässt seine Brüder ins Gefängnis werfen. Nach drei Tagen werden sie freigelassen. Jeder von ihnen darf einen großen Sack Getreide mit nach Hause nehmen.

Josefs Brüder sind froh, dass sie wieder nach Hause gehen dürfen und machen sich auf den Heimweg. Doch sie sind noch nicht weit gekommen, da holen sie ägyptische Soldaten auf ihren Pferden ein.

„Halt!", ruft der Hauptmann. „Ihr habt den ägyptischen Unterkönig bestohlen!"

„Das ist nicht wahr!", sagt Ruben. „Schaut doch nach, dann könnt ihr euch selbst überzeugen!"

Seine Soldaten durchsuchen die Säcke mit Getreide – und in einem finden sie einen wertvollen silbernen Becher, der Josef gehört. Die Brüder wissen nicht, wie Josefs Becher dort hineingekommen ist.

„Wem gehört der Sack?", fragt der Hauptmann streng. Benjamin, der jüngste Sohn von Jakob, tritt vor.

„Du kommst mit uns!", befiehlt der Hauptmann. „Du wirst zur Strafe als Sklave im Palast arbeiten – so hat es der Unterkönig bestimmt. Die anderen können gehen."

„Benjamin darf nicht hierbleiben!", ruft Ruben. „Ich muss mit dem Unterkönig reden. Das darf er nicht tun!"

Zusammen mit den Soldaten gehen die Brüder zurück zu Josefs Palast. Ruben wirft sich vor Josef auf den Boden und sagt: „Edler Unterkönig von Ägypten! Benjamin ist unschuldig! Du darfst ihn nicht als Sklaven hierbehalten. Das würde unserem alten Vater das Herz brechen, denn er liebt diesen Jungen sehr! Schon einmal, vor vielen Jahren, hat er einen Sohn verloren. Damals ist er krank geworden, so traurig war er. Wenn wir jetzt ohne Benjamin nach Hause kommen, wird unser Vater vor Kummer sterben. Du kannst mich an seiner Stelle als Sklaven haben. Aber bitte, lass unseren Bruder Benjamin frei!"

Josef kann sich nicht mehr beherrschen. Die Tränen laufen ihm über das Gesicht und er ruft: „Erkennt ihr mich denn nicht? Ich bin es, Josef! Vor vielen Jahren habt ihr mich als Sklaven nach Ägypten verkauft. Jetzt habt ihr selbst erlebt, wie man sich dabei fühlt. Ihr wart damals wirklich böse zu mir – aber Gott hat alles gut gemacht. Deshalb vergebe ich euch – und jetzt lasst euch umarmen!"

Nun weinen auch Josefs Brüder vor Freude und fallen sich gegen-

seitig um den Hals. Josef feiert mit seinen
Brüdern ein großes Festmahl. Am nächsten Tag brechen sie nach Kanaan auf und
holen auch ihren alten Vater Jakob nach
Ägypten. Jetzt sind alle wieder eine glück-
liche große Familie.

Aus dem Wasser gezogen

Josef und seine Brüder sind in Ägypten geblieben, denn ihnen geht es gut im Land am Nil. Sie bekommen Kinder und Enkel. So wird mit der Zeit ein richtiges Volk aus ihnen: das Volk Israel.

Eines Tages kommt ein ägyptischer König, der die Menschen vom Volk Israel überhaupt nicht mag. Der Ägypterkönig denkt sich etwas Gemeines aus: „Ich lasse die Israeliten so hart arbeiten wie Sklaven. Dann werden sie weniger werden." Jetzt müssen die Männer und Frauen aus dem Volk Israel Städte für den König bauen. Wenn sie nicht schnell genug arbeiten, schlagen sie die Aufseher mit der Peitsche.

Aber das Volk Israel wird trotzdem immer größer. Der Ägypterkönig ist außer sich vor Wut. Dann hat er eine schreckliche Idee. Der König befiehlt seinen Soldaten: „Gebt acht auf die Familien der Israeliten! Wenn im Volk Israel ein Junge geboren wird, dann nehmt ihn seinen Eltern weg und werft ihn in den Nil!"

Mirjam freut sich. Bald wird sie ein Geschwisterchen bekommen. Dann ist sie nicht mehr den ganzen Tag mit Großmutter allein. Ihre Eltern müssen jeden Tag schwer für den König arbeiten. Oft sind sie abends viel zu müde, um mit Mirjam zu spielen.

Doch als Mirjams Bruder geboren ist, kann sich keiner so richtig freuen. Ihre Mutter weint viel. Sie will nicht, dass die Soldaten des Königs kommen und ihren Sohn in den Nil werfen.

Nach ein paar Wochen ist Mirjams Bruder kräftig gewachsen und schreit immer lauter. „Bald werden alle merken, dass wir ein Baby im Haus haben", weint die Mutter, „was machen wir nur?"

Da fällt Mirjam etwas ein: „Meinst du, wir können ihm ganz schnell das Schwimmen beibringen? Dann wird

er nicht ertrinken, wenn die Soldaten ihn finden." Mirjams Mutter lächelt plötzlich: „Nein, aber ich glaube, du hast mich auf eine Idee gebracht. Du kennst doch die Geschichte von Noach. Er hat für seine Familie und die Tiere einen schwimmenden Kasten gebaut – die Arche. So wurden sie alle vor der großen Flut gerettet. Vielleicht können wir eine kleine Arche für unseren Jungen bauen. So kann er nicht ertrinken. Und wenn Gott will, finden ihn Leute, die es gut mit ihm meinen."

Mirjam ist begeistert und hilft gleich mit. Sie flechten aus Binsen einen kleinen Korb, den Mirjam mit Pech bestreicht, damit kein Wasser hineinlaufen kann. „Fertig ist die Baby-Arche!", jubelt sie.

Als der Kleine schläft, legt ihn seine Mutter in das Körbchen. Zusammen mit Mirjam trägt sie ihn zum Ufer des Nils. „Jetzt liegt alles in Gottes Hand. Nur Gott kann deinen Bruder retten", sagt Mirjams Mutter. „Komm, wir gehen!"

Doch Mirjam will nicht mit nach Hause kommen. Sie versteckt sich im Schilf, weil sie unbedingt wissen muss, was weiter geschieht. Nach einer Weile hört sie Stimmen. Als sie sich umdreht, erschrickt sie: Die ägyptische Prinzessin und ihre Hofdamen kommen!

Auf einmal schnattert eine Ente aufgeregt am Ufer. Da sieht die Prinzessin den kleinen Korb mit Mirjams Bruder im Schilfgras liegen.

Mirjam hält den Atem an. Ausgerechnet die ägyptische Prinzessin findet ihren kleinen Bruder! Was wird sie jetzt machen? Die Soldaten holen?

Die Prinzessin ruft: „Seht nur, was ich da aus dem Wasser gezogen habe! Einen kleinen Jungen! Er gehört bestimmt zum Volk Israel!"

„Soll ich die königliche Garde rufen, Prinzessin?", fragt eine der Hofdamen.

„Nein, nein!", antwortet die Prinzessin. „Der Junge soll nicht sterben. Ich werde mich um ihn kümmern." Dann beginnt Mirjams Bruder zu schreien. Die Prinzessin sieht ihn besorgt an: „Ich glaube, der kleine Kerl hat Hunger. Wo bekommen wir jetzt schnell eine Amme her, die ihm die Brust geben kann?"

Da hat Mirjam eine Idee. Sie geht zur Prinzessin, verbeugt sich tief und sagt: „Edle Tochter des Königs! Ich kenne eine Frau aus dem Volk Israel, die gerade ein Kind geboren hat. Sie kann den Jungen stillen."

Die Prinzessin lächelt und sagt: „Das ist ja wunderbar! Bring diese Frau gleich her! Sag ihr, dass ich sie reich belohnen werde."

Mirjam läuft schnell nach Hause und holt ihre Mutter. Als sie an den königlichen Badeplatz kommen, sagt die Prinzessin zu ihr: „Nimm das Kind und versorge es für mich! Wenn der Junge alt genug ist, bringst du ihn zu mir in den Palast. Er wird dann mein Sohn sein. Deshalb gebe ich ihm den Namen: Mose – das heißt Kind auf Ägyptisch."

Mirjam kann nicht fassen, dass ihr kleiner Bruder gerettet ist. Sie und ihre Eltern sind glücklich. Sie nennen ihn „Mosche" – in der Sprache des Volkes Israel heißt das „aus dem Wasser gezogen". Und Mirjam denkt: „Mit Mosche hat Gott sicher etwas ganz Besonderes vor."

Mose und der brennende Dornbusch

Mose wächst wie ein Prinz im ägyptischen Königspalast auf. Aber er behandelt die Männer und Frauen aus dem Volk Israel nicht als Sklaven. Eines Tages sieht Mose, wie ein ägyptischer Aufseher einen Israeliten auspeitscht. Mose wird furchtbar zornig und erschlägt den Aufseher. Jetzt muss Mose aus Ägypten fliehen. Er geht weit fort in das Land Midian. Dort findet er eine Frau und arbeitet bei ihrem Vater als Hirte.

Mose sitzt auf einem Stein und schaut seinen Schafen beim Fressen zu. Er wohnt schon lange nicht mehr im Königspalast von Ägypten. Vor einigen Jahren ist er in das Land Midian gekommen. Dort ist Mose ein Hirte geworden. Jetzt hütet er Schafe und Ziegen. Das gefällt ihm eigentlich gut. Aber Mose vermisst seine Mutter, seinen Vater und seine Schwester Mirjam. Er muss oft an sie denken. Wie es ihnen und den anderen Leuten aus dem Volk Israel wohl geht? Bestimmt lässt sie der König von Ägypten immer noch so hart arbeiten wie früher. Manchmal träumt Mose, dass sein Vater Steine schleppen muss für die neue Stadt des Ägypterkönigs. Der königliche Aufseher schlägt ihn mit der Peitsche. Davon wacht Mose immer auf und dann ist er ganz nass geschwitzt.

Mose summt ein Lied vor sich hin. Seine Schwester Mirjam hat es ihm beigebracht, als er noch ein ganz kleiner Junge war. Dann treibt er die Schafe zusammen und geht mit ihnen weiter den Berg hinauf. Die Leute hier nennen ihn den „Gottesberg". Sie sagen, es ist ein heiliger Berg. Auf jeden Fall mögen seine Tiere das Gras ganz besonders, das hier wächst.

Auf einmal sieht Mose Rauchwolken zum Himmel steigen. Was brennt hier bloß? Da sieht Mose, dass der große Dornenbusch in Flammen steht. Aber seine Zweige verbrennen nicht! „Wie kann das sein?", fragt er sich.

Auf einmal hört er eine Stimme. „Mose, Mose!", ruft es aus dem seltsamen, brennen-
den Busch.

„Hier bin ich", ruft Mose. Da sagt die Stimme: „Komm nicht näher und zieh deine Schuhe
aus! Denn der Ort, auf dem du stehst, ist heilig!" Schnell streift Mose seine Sandalen
von den Füßen und wirft sich auf den Boden. Er traut sich nicht aufzusehen. Dann hört
er die Stimme wieder sprechen:

„Ich bin der Gott deines Vaters, der Gott von Abraham und Isaak und Jakob. Ich habe gesehen, wie schlecht es meinem Volk Israel in Ägypten geht. Ich habe gehört, wie sie
weinen und um Hilfe flehen. Ich will sie retten und in ein schönes Land bringen, in dem
Milch und Honig fließen. Deshalb sollst du zum König von Ägypten gehen. Sag ihm, er
soll mein Volk frei lassen. Dann führst du die Israeliten aus Ägypten heraus und bringst
sie hierher, zu diesem Berg!"

Mose erschrickt. „Warum ausgerechnet ich? Das kann ich nicht!", stammelt er. „Ich kann
nicht gut vor anderen Leuten reden. Und ein guter Anführer bin ich bloß für eine Herde
Schafe. Das Volk Israel aus Ägypten führen – das muss ein anderer machen!"

Doch Gott verspricht: „Ich werde da sein und dir helfen."

Mose will wissen: „Was ist, wenn mich die Israeliten fragen, wer mich
geschickt hat? Was soll ich dann sagen?"

Gott antwortet: „Ich bin der ICH BIN DA. Du kannst
ihnen sagen, der ICH BIN DA hat dich geschickt,
der Gott von Abraham, Isaak und Jakob. So
wird mein Name sein für alle Zeiten."

Da sagt Mose nicht mehr Nein.
Er verkauft seine Schafe und
macht sich auf den Weg
zum König von Ägypten.

Gerettet am Schilfmeer

Mose tut, was Gott sagt. Er geht zum König von Ägypten und sagt: „Der Gott von Abraham, Isaak und Jakob spricht zu dir: ‚Lass mein Volk Israel frei!'" Aber der König lacht Mose aus: „Ich kenne diesen Gott überhaupt nicht! Er kann mir gar nichts befehlen."

Aber bald merkt der König von Ägypten, dass er nicht einfach so tun kann, als gäbe es den Gott der Israeliten gar nicht. Es kommen schwere Zeiten für die Ägypter: Das Wasser im Nil wird giftig. Dann kommen Frösche aus dem Fluss und sind überall. Stechmücken machen die Menschen und das Vieh krank. Heuschrecken fressen die Ernte auf und es gibt nichts zu essen.

Schließlich stirbt der älteste Sohn in jeder Familie. Auch der Sohn des Königs ist tot. Der Ägypterkönig hat jetzt begriffen: Der Gott der Israeliten ist stärker als er. Deshalb lässt der König Mose zu sich rufen und sagt: „Ich habe genug! Nimm das Volk Israel mit dir und geht fort!" Noch in dieser Nacht packen die Israeliten ihre Sachen und ziehen mit Mose weg aus Ägypten.

Mose und seine Schwester Mirjam gehen von Haus zu Haus. Sie sagen den Männern und Frauen aus dem Volk Israel: „Bald geht es los! Packt alles zusammen und macht euch bereit!"

Die Frauen backen schnell noch Brot. Sie können den Teig nicht aufgehen lassen, deshalb werden es keine dicken, weichen Brotfladen, sondern nur dünne, knusprige Scheiben. Aber auch die machen satt. Die Männer braten Lammfleisch über dem Feuer. Das gibt Kraft für den weiten Weg.

Dann wird es Abend. Rot färbt sich die Sonne über dem Nil. Bei allen israelitischen Familien gibt es das gleiche Essen: Lammbraten mit flachem Brot. Die Großen und die Kleinen sitzen auf gepackten Körben und geschnürten Bündeln. Die Schlafmatten und die Decken liegen daneben. Aber das Einschlafen fällt besonders den Kindern schwer in dieser Nacht, denn sie sind viel zu aufgeregt.

Kurz nach Mitternacht kommt Mose und weckt alle auf. Er sagt: „Es ist so weit! Der König lässt uns endlich gehen! Wir brechen auf und ziehen durch die Wüste zum Schilfmeer!"

Alle sind froh, dass die Reise nun losgehen kann. Die Männer laden die Körbe und Bündel auf ihre Esel. Die Frauen holen ihre Kinder und schauen nach, ob sie auch nichts vergessen haben. Sie fassen die Kleinen an den Händen, damit sie sich im Dunkeln nicht verlieren. „Auf geht's in das versprochene Land", jubeln die Kinder. „Da fließen Milch und Honig!"

„Ja, auf ins Land, das uns Gott versprochen hat!", ruft Mose und freut sich mit ihnen. Er nimmt seinen großen Hirtenstab und geht voraus. Eine Zeit lang singt Mirjam mit den Mädchen und Jungen fröhliche Lieder. Auf einer kleinen Handpauke schlägt sie den Takt dazu. Doch mit der Zeit werden sie immer leiser. Der Weg durch die Wüste ist staubig und heiß. Bei Tag und bei Nacht sind die Israeliten unterwegs. Gott zieht vor ihnen her. Am Tag schickt Gott eine Wolkensäule und zeigt ihnen, wo es langgeht. In der Nacht leuchtet er ihnen in einer Säule aus Feuer und weist seinem Volk so den Weg. Alle sind müde und durstig, als sie endlich am Schilfmeer ankommen. „Wir machen hier Rast und ruhen uns aus", bestimmt Mose. Doch da sehen sie auf einmal eine riesige Staubwolke hinter sich. „Das sind die Soldaten des Königs!", ruft ein Mann erschreckt. „Sie kommen mit ihren schnellen Kriegswagen. Der Ägypterkönig will uns zurückholen!"

Die Männer und Frauen im Volk Israel bekommen furchtbare Angst. Einige schreien. Die Kinder fangen an zu weinen. Viele der Männer sind wütend. Sie fragen Mose: „Was sollen wir jetzt tun? Wir sitzen hier in der Falle: Hinter uns sind die Soldaten der Ägypter und vor uns ist das Schilfmeer. Wir können nicht fliehen! Wir werden hier alle sterben!"

Aber Mose bleibt ganz ruhig: „Ihr werdet schon sehen: Gott ist da und hilft uns! Er wird mir einen Weg zeigen, wie wir alle gerettet werden können."

Mose bittet Gott um Hilfe. Er schließt die Augen und legt den Kopf auf seinen Hirtenstab. Auf einmal weiß er, was er tun muss. Mose hebt seinen Arm und streckt seinen Hirtenstab weit aus. Da erhebt sich ein Sturm. Es bläst stärker und immer stärker. Der Sturm teilt das Wasser und schiebt es weg. Jetzt gibt es einen richtigen Weg, wo vorher noch der Meeresgrund war. Die Israeliten können durch das Meer gehen und bekommen nicht einmal nasse Füße. Hinter ihnen erscheint die Wolkensäule. So können die Ägypter nicht genau sehen, was geschieht. Sie jagen dem Volk Israel hinterher. Da hört der Sturm auf und das Wasser fließt wieder zurück. Die Soldaten des Ägypterkönigs auf ihren Pferden und ihren Kriegswagen gehen unter. Das ganze, große Heer der Ägypter versinkt im Schilfmeer.

„Wir sind gerettet!", jubeln die Israeliten. Sie lachen und weinen vor Freude. Da nimmt Mirjam ihre Handpauke. Sie singt und schlägt den Takt, damit alle mitklatschen können:
„Singt unserem Gott ein fröhliches Lied!
Denn er ist groß und stark und mächtig.
Pferde und Reiter und Wagen, die warf er ins Meer.
Gott, ich will dich loben, denn unser Retter bist du.
Du zeigst uns den Weg und bist immer da.
Ja, unser Gott und Retter bist du."

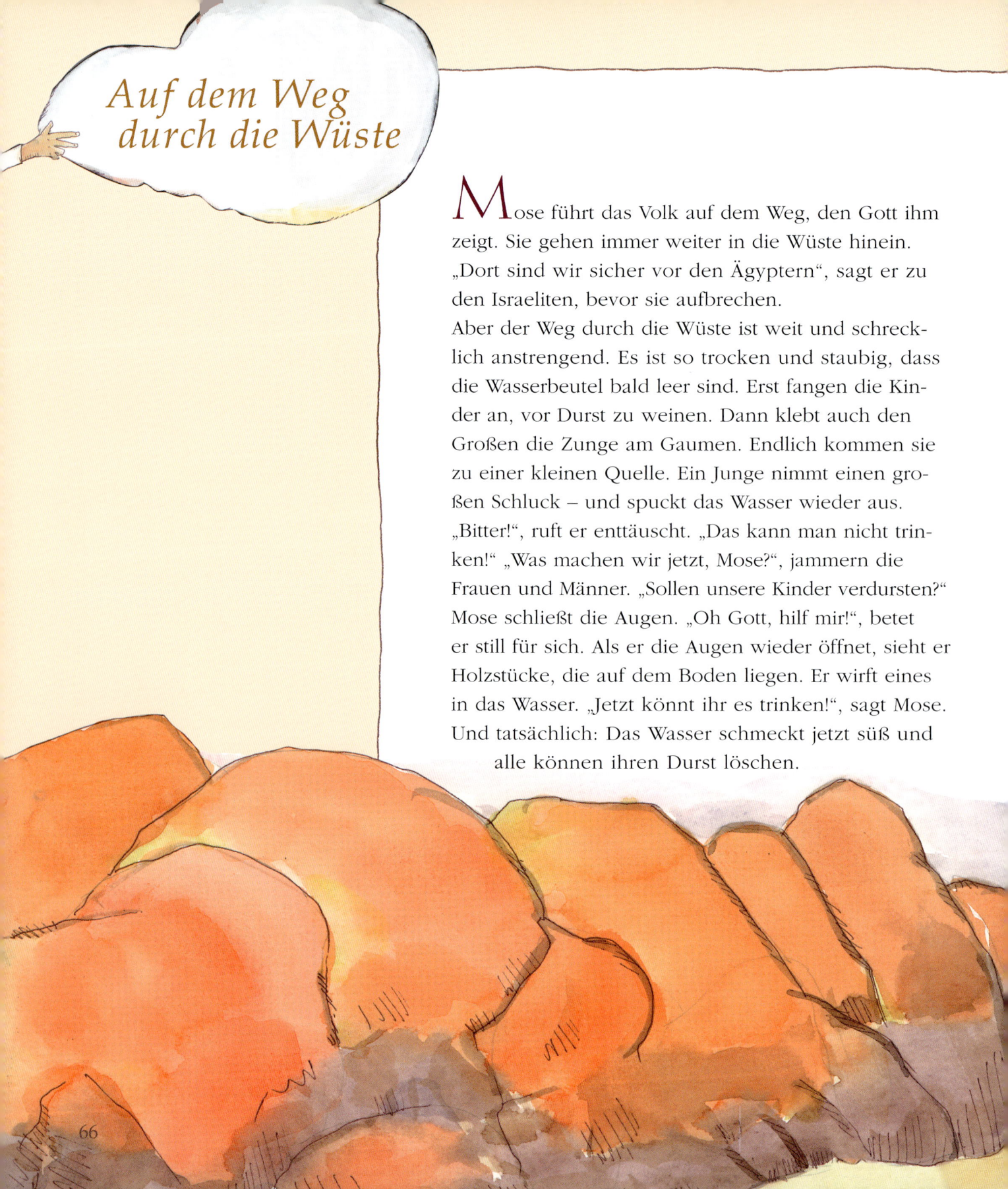

Auf dem Weg durch die Wüste

Mose führt das Volk auf dem Weg, den Gott ihm zeigt. Sie gehen immer weiter in die Wüste hinein. „Dort sind wir sicher vor den Ägyptern", sagt er zu den Israeliten, bevor sie aufbrechen.

Aber der Weg durch die Wüste ist weit und schrecklich anstrengend. Es ist so trocken und staubig, dass die Wasserbeutel bald leer sind. Erst fangen die Kinder an, vor Durst zu weinen. Dann klebt auch den Großen die Zunge am Gaumen. Endlich kommen sie zu einer kleinen Quelle. Ein Junge nimmt einen großen Schluck – und spuckt das Wasser wieder aus. „Bitter!", ruft er enttäuscht. „Das kann man nicht trinken!" „Was machen wir jetzt, Mose?", jammern die Frauen und Männer. „Sollen unsere Kinder verdursten?" Mose schließt die Augen. „Oh Gott, hilf mir!", betet er still für sich. Als er die Augen wieder öffnet, sieht er Holzstücke, die auf dem Boden liegen. Er wirft eines in das Wasser. „Jetzt könnt ihr es trinken!", sagt Mose. Und tatsächlich: Das Wasser schmeckt jetzt süß und alle können ihren Durst löschen.

Die Israeliten wandern weiter durch die Wüste – Tag für Tag, Woche für Woche, Monat für Monat. Ihre Vorräte werden langsam knapp. Schließlich haben sie auch das letzte Stückchen Brot gegessen. Die Männer kommen wütend zu Mose. „Hast du uns in die Wüste geführt, damit wir dort verhungern?", fragen sie. „In Ägypten hatten wir wenigstens genug zu essen für alle. Und da gab es nicht bloß Brot und Früchte. Da hatten wir auch mal einen schönen Braten auf dem Tisch!" Immer lauter schimpfen sie.

Mose hält sich die Ohren zu. „Was soll ich bloß machen?", fragt er Gott im Stillen. Da hört er Gottes Stimme. Sie sagt ihm: „Ich habe das Murren des Volkes gehört. Am Abend werdet ihr Fleisch haben und am Morgen Brot. Dann werden alle wissen, dass ich da bin für mein Volk."

Als die Dämmerung kommt, erfüllt sich das Versprechen, das Gott gegeben hat. Riesige Schwärme von Vögeln ziehen über die Wüste. Es sind Wachteln. Einige von ihnen sind so erschöpft, dass sie vom Himmel fallen. Die Kinder können sie mit den Händen fangen. Ihre Väter braten sie am Lagerfeuer. Bald duftet es wunderbar nach Wachtelbraten. An diesem Abend gehen alle satt und zufrieden schlafen.

Früh am nächsten Morgen wachen die Kinder auf. Sie sind furchtbar neugierig auf das Brot, das Gott versprochen hat. Sie sehen sich um. Da liegen ja lauter kleine weiße Körnchen auf dem Wüstensand! Sie duften wunderbar nach Honig – und sie schmecken auch zuckersüß. „Das ist Manna – das Brot, das Gott uns schickt", jubelt ein Mädchen. So werden auch am Morgen alle satt. Die Israeliten sind froh und danken Gott. Jeden Morgen finden die Israeliten jetzt Manna, das Wüstenbrot, das Gott ihnen schickt.

Immer weiter ziehen die Israeliten durch die Wüste. Mose führt das Volk von Oase zu Oase, von einem Rastplatz zum nächsten. Nach vielen Wochen sind sie nicht mehr weit entfernt vom Gottesberg. Die Landschaft verändert

sich. Sie ziehen jetzt oft durch Felsschluchten. Manchmal kann man in der Ferne das Gebirge sehen.

Alle sind müde und erschöpft vom Wandern. Wieder einmal wird das Wasser knapp und die nächste Quelle ist noch weit weg. Wieder schimpften die Frauen und die Männer beschweren sich voller Zorn: „Mose, wir verdursten hier! Warum habt ihr uns nur aus Ägpyten herausgelockt, du und dein Gott? Gebt uns Wasser, du und dein Gott, aber schnell!"

Mose hat genug vom dauernden Gemecker und Genörgel. „Gott hat sein Volk bisher noch nie im Stich gelassen. Warum ist es dann nie zufrieden?",

fragt er sich verzweifelt. Er setzt sich auf den Sand und legt die Arme über den Kopf. Am liebsten würde er im Boden versinken. Da hört er wieder Gottes Stimme. Sie sagt: „Mose, nimm deinen Stab und schlage damit an den Felsen. Dann wird Wasser aus ihm herausquellen und das Volk kann trinken." Mose geht zum Felsen und ruft: „Seht alle her! Dann könnt ihr sehen, dass Gott da ist und uns hilft!" Er schlägt mit dem Stab gegen den Stein – und wirklich, Wasser sprudelt heraus, klar und kühl. Wieder einmal zeigt Gott seinem Volk: Ich bin da für euch.

Am Gottesberg

Mose ist froh. Endlich sind sie angekommen am heiligen Berg Sinai. Hier am Gottesberg hat Gott zum ersten Mal aus dem Dornbusch mit ihm geredet. Und hierher hat er Gott versprochen, dass er das Volk Israel bringen wird.

Jetzt sind sie da. Nun können die Männer und Frauen die Zelte für ihre Familien aufschlagen. Lebhaft geht es zu. Zwischen den Zeltstangen spielen die Mädchen und Jungen Fangen. Aber nicht nur fröhliches Kindergeschrei ist zu hören. Auch die Großen werden immer wieder laut. Sie streiten sich um den besten Platz für ihr Zelt, um die Reihenfolge beim Wasserschöpfen. Die eine kann die Zeltnachbarin nicht leiden, der andere schimpft, weil sich jemand das Werkzeug ausgeliehen hat, ohne zu fragen.

Mose seufzt. Er möchte endlich seine Ruhe haben. Er sieht hinüber zum Gottesberg. Groß und mächtig ragt er aus der Wüste empor. Sein Gipfel ist in den Wolken verschwunden. „Ich werde hinaufgehen und mit Gott reden", beschließt Mose.

Immer kleiner werden die Zelte, je höher Mose kommt. Er macht eine kleine Rast. Da hört er Gottes Stimme. Sie sagt: „Ich habe das Volk Israel aus Ägypten herausgeführt. In der Wüste habe ich es versorgt und beschützt. Ich will ihr Gott sein und es soll mein Volk sein. Deshalb werde ich den Menschen im Volk Israel zeigen, wie sie miteinander leben können ohne Hass, Neid und Streit. Sage das zu den Israeliten und dann komme in drei Tagen wieder!"

Mose steigt vom Berg hinunter. Er ruft die Israeliten zusammen und richtet ihnen aus, was Gott zu ihm gesagt hat. Alle sind sich einig: „Wir wollen tun, was Gott uns sagt!"

Drei Tage später ziehen sie ihre besten Kleider an. Sie warten unten am Berg. Auf einmal kommt eine dunkle Wolke. Es blitzt und donnert. Dann erklingt eine mächtige Stimme und ruft: „Mose, komm zu mir herauf!"

Mose macht sich auf den Weg und steigt
auf den Berg – in die dunkle Wolke und hoch
bis zum Gipfel. Dort oben redet Gott mit
Mose. Er gibt Mose Zehn Gebote, die den
Menschen helfen sollen, gut miteinander
und mit Gott zu leben. Die Gebote sind auf
zwei Tafeln aus Stein geschrieben.

Dort steht:

ICH BIN DEIN GOTT.
ICH HABE DICH AUS ÄGYPTEN HERAUS-
GEFÜHRT UND DICH FREI GEMACHT.
DESHALB SOLLST DU KEINE ANDEREN
GÖTTER HABEN AUSSER MIR.
NICHTS SOLL DIR WICHTIGER SEIN ALS ICH.

MACH DIR KEIN BILD VON EINEM
ANDEREN GOTT UND BETE ES NICHT AN.
MACH DIR AUCH KEIN BILD VON MIR.

SPRICH MEINEN NAMEN NICHT
GEDANKENLOS AUS — AUCH NICHT,
WENN DU DICH ÄRGERST!

AM SIEBTEN TAG DER WOCHE
HAST DU FREI. DAS IST MEIN RUHETAG,
DA SOLLST DU NICHT ARBEITEN,
SONDERN AN MICH DENKEN.
UND AUCH DEINE KNECHTE, DEINE MÄGDE
UND DEINE TIERE MÜSSEN NICHT
ARBEITEN. DENN DIESER TAG IST EIN
HEILIGER TAG, DER MIR GEHÖRT.

SORGE GUT FÜR DEINEN VATER
UND DEINE MUTTER, WENN SIE ALT SIND
UND DEINE HILFE BRAUCHEN.
HALTE SIE IMMER IN EHREN, DENN SIE
HABEN DICH GROSSGEZOGEN.

SCHLAGE KEINEN ANDEREN
MENSCHEN TOT.

LASS DEINE FAMILIE NICHT IM STICH
UND BLEIB DEN MENSCHEN TREU,
DIE ZU DIR GEHÖREN.

NIMM NIEMANDEM ETWAS WEG,
WAS DIR NICHT GEHÖRT.

ERZÄHL KEINE LÜGEN ÜBER
ANDERE MENSCHEN UND
MACH NIEMANDEN SCHLECHT.

VERSUCHE NICHT, ALL DAS ZU
BEKOMMEN, WAS ANDERE HABEN, UND
DENKE NICHT STÄNDIG DARÜBER NACH,
OB JEMAND MEHR HAT ALS DU.

Als Mose Gottes Gebote
zum Volk Israel bringt, versprechen alle:
Daran wollen wir uns halten. Schon bald können Große
und Kleine Gottes Regeln für ein gutes Leben miteinander auswendig.
So schließen Gott und das Volk Israel einen Bund miteinander.

Die Mauern von Jericho fallen

Nach Moses Tod führt Josua nun das Volk Israel in das Land Kanaan. Gott sagt zu Josua: „Sei mutig und stark! Halte dich an meine Gebote! Dann wirst du weit kommen. Fürchte dich nicht, denn ich bin bei dir in allem, was du tust!"

Rafu und Kaleb haben einen wichtigen Auftrag: Sie sind geheime Kundschafter. Josua, der neue Anführer der Israeliten, schickt sie ins Land Kanaan. Er schärft ihnen ein: „Seht euch die Gegend genau an! Besonders über die Stadt Jericho und ihren König will ich so viel wissen, wie ihr nur herausfinden könnt."
Rafu und Kaleb waren den ganzen Tag unterwegs. Jetzt stehen sie vor der riesigen Stadtmauer von Jericho.
Sie müssen sich beeilen. Bald wird die Sonne untergehen. Wenn es dunkel ist, wird das Stadttor von Jericho geschlossen. Die beiden ziehen ihre Kapuzen ins Gesicht und gehen los.
„He, ihr zwei!", ruft ihnen der Wächter hinterher. „Was wollt ihr hier in Jericho? Habt ihr etwas zu verzollen?"
„Nein", antwortet Kaleb. „Wir wollen nur übernachten und dann morgen weiterziehen."
„Und wo kommt ihr her?", fragt der Wächter misstrauisch.
Rafu sagt: „Aus Schittim."
Der Wächter schaut böse: „Dann gehört ihr wohl zu diesem Israelitenpack?"
„Wir kommen aus Ägypten", schwindelt Kaleb.
„Komisch", meint der Wächter. „Ihr seht gar nicht wie Ägypter aus.

Ich glaube, mit euch beiden stimmt etwas nicht." Er dreht sich um und will
einen königlichen Soldaten rufen.

Doch Kaleb und Rafu zögern nicht. So schnell sie nur können, laufen sie in
eine der engen Gassen direkt an der Stadtmauer. An ihrem Ende zündet
eine junge Frau eine Lampe vor ihrem Eingang an. Sie winkt
die beiden herein: „Kommt nur mit mir, ihr zwei! Bei Rahab
geht's euch gut."

Kaleb und Rafu folgen der Frau. Drinnen sagen sie zu
Rahab: „Der Stadtwächter ist hinter uns her. Aber wir haben
nichts verbrochen – wir wollten hier in Jericho nur
übernachten. Kannst du uns helfen?"

„Ihr zwei seid Israeliten, stimmt's?", fragt die Frau.
„Das hört man an der Art, wie ihr sprecht. Auf das Volk Israel
ist der König von Jericho gar nicht gut zu sprechen. Er hat gehört, wie
euch euer Gott geholfen hat, als ihr dem Ägypterheer im Schilfmeer entkommen seid.
Jetzt hat der König Angst vor Israel und seinem Gott. Euer Gott ist stark und mächtig
– im Himmel und hier auf der Erde. Ich habe nichts gegen ihn – und auch gegen sein
Volk habe ich nichts. Heute Nacht könnt ihr euch bei mir verstecken."

Sie führt die beiden auf das flache Dach ihres Hauses. Rahab flüstert: „Hier wird euch
keiner finden, wenn ihr keinen Lärm macht. Von der Straße aus kann man euch nicht
sehen. Versteckt euch unter dem Strohhaufen in der Ecke!" Auf einmal hören sie, wie
Männer kommen und an die Haustür klopfen.

Rahab geht schnell nach unten und öffnet. Die Männer rufen: „Im Namen des Königs!
Gib die israelitischen Spione heraus, die zu dir gekommen sind! Sie wollen unser Land
auskundschaften, damit sie den König besiegen können!"

Rahab sagt: „Es stimmt, zwei Männer waren hier. Kann sein, dass es Israeliten waren.
Aber die sind schon wieder weg. Ich glaube, die beiden sind zum Stadttor. Wahrschein-
lich sind sie gerade noch hinausgekommen, bevor es geschlossen wurde. Macht schnell,
dann könnt ihr sie noch einfangen!"

Als die Männer weg sind, kommt Rahab noch einmal aufs Dach. Sie sagt zu Rafu und
Kaleb: „Jetzt ist die Luft rein. Das Haus ist direkt an die Stadtmauer gebaut. Ihr könnt

euch auf dieser Seite abseilen. Aber bevor ich euch ein Seil gebe, müsst ihr mir eines versprechen: Wenn euer Gott diese Stadt in die Hand des Volkes Israel gibt, dann helft mir und meiner Familie. Schließlich habe ich euch ja auch geholfen. Rettet meinen Vater, meine Mutter, meine Geschwister und mich!"

Kaleb und Rafu versprechen Rahab, dass sie ihre Familie beschützen wollen. Dann klettern sie am Seil hinunter und kehren ins Lager der Israeliten zurück. Sie erzählen Josua: „Die Menschen von Jericho haben große Angst vor uns. Sie wissen: Gott gibt das Land hier in unsere Hand."

Drei Tage später steht das ganze Volk der Israeliten vor der Stadtmauer von Jericho. Die Stadttore sind fest verschlossen. Oben auf den Zinnen stehen die Leute von Jericho und schreien: „Verschwindet! Euch wollen wir hier nicht haben!"

Da ruft Josua alle Männer zusammen und sagt: „Gott will nicht, dass wir kämpfen. Alle Männer sollen einmal an der Stadtmauer entlang rund um Jericho gehen. Voneweg gehen sieben Priester mit der Lade, in der die beiden Tafeln mit den Geboten liegen. Jeder von ihnen bläst in ein großes Horn." Sechs Tage lang marschieren die Israeliten einmal um die Stadt herum. Sechs Tage lang gehen die Männer schweigend vorbei, nur die sieben Priester blasen in ihre Hörner.

Am siebten Tag kommen die Israeliten besonders früh. Als die Sonne aufgeht, blasen die Priester in ihre Hörner. Da befiehlt Josua: „Stimmt das Kriegsgeschrei an!" Alle Männer brüllen los, so laut sie nur können. Siebenmal gehen die Israeliten unter schrecklichem Geschrei um die Stadt. Auf einmal brechen die Mauern zusammen – die Israeliten stürmen in die Stadt und erobern sie.

Rafu und Kaleb rennen zum Haus von Rahab. Zum Glück ist ihr und ihrer Familie nichts passiert, als die Stadtmauer eingestürzt ist. Die beiden bringen Rahab, ihre Eltern und ihre Geschwister ins Lager des Volkes Israel. „Jetzt gehört ihr zu uns!", sagen Rafu und Kaleb. Rahab freut sich und sagt: „Euer Gott wird jetzt auch unser Gott sein. Denn er ist mächtig und stark und hat uns gerettet."

Samuel hört Gott

Die Israeliten wohnen jetzt in Kanaan – dem Land, das Gott ihnen versprochen hat. Sie leben mit den Menschen zusammen, die dort schon seit Langem wohnen. Die Kanaaniter beten zu Baal und Astarte, ihren Göttern. Aber das Volk Israel hat nur einen Gott – den Gott von Abraham, Isaak und Jakob. Er hat ihnen seine Zehn Gebote gegeben. Für die Lade mit den beiden Tafeln, auf denen die Gebote stehen, haben die Israeliten einen kleinen Tempel in Schilo gebaut. Dorthin kommen die Menschen, wenn sie Gott um etwas bitten oder ihm danken wollen.

Auch Elkana und seine Frau Hanna kommen nach Schilo. Hanna ist ganz verzweifelt, weil sie kein Kind hat. Im Tempel von Schilo bittet sie Gott um einen Sohn. Hanna verspricht: „Wenn ich einen Jungen habe, wird er dir gehören, Gott. Er soll hier im Tempel aufwachsen. Er soll lernen, dir zu dienen." Und Gott erhört das Gebet von Hanna. Sie bekommt einen Sohn und nennt ihn Samuel.

Samuel ist ein ganz besonderes Kind. Er wohnt nicht zu Hause bei seinen Eltern. Samuel wohnt im Tempel in Schilo. An seinem dritten Geburtstag haben ihn seine Mutter und sein Vater zu Eli gebracht. Eli ist der Tempelpriester in Schilo. Er hält den Gottesdienst und bringt Gott die Opfer auf dem Altar dar.

Und Samuel ist sein Tempeldiener. Er hilft ihm, die glühenden Kohlen auf den Altar zu legen. Und er reicht Eli das Gefäß mit den Weihrauchkörnern, die der Priester auf den Altar streut.

Samuel kann schon fast alle Gebete auswendig, die dazugehören. Das hat er bei Eli gelernt. Der Priester zeigt dem
Jungen, wie man Gott im Tempel dient.

Der alte Eli hat Samuel sehr gern. Er ist wie ein Sohn für
ihn. Samuel ist auch gerne bei Eli im Tempel und hilft
ihm, wo er nur kann. Eli kann Hilfe gut gebrauchen, denn
er ist fast blind und kann nicht mehr so gut gehen.

Auch alle, die in den Tempel kommen, mögen den kleinen Samuel. Er ist ihnen viel lieber als die beiden erwachsenen Söhne von Eli, Hofni und Pinhas. Auch sie
sind Tempeldiener. Aber Samuel geht den beiden aus
dem Weg, denn Hofni und Pinhas schikanieren ihn, wo
sie nur können. Zwei richtige Widerlinge sind die,
findet Samuel. Sie kümmern sich überhaupt nicht um
Gottes Gebote. Von den Opfergaben, die die Leute in den Tempel bringen,
behalten sie die besten Stücke für sich. Und wer Hofni und Pinhas nichts davon geben will, wird von ihrem Diener verprügelt.

Kein Wunder, dass niemand die beiden leiden mag. Die Leute schimpfen und
murren. Das hört auch Eli. Am Anfang hat er seinen Söhnen ins Gewissen
geredet. Eli wollte sie dazu bringen, nicht mehr zu stehlen und zu betrügen.
Aber die beiden haben ihren Vater nur ausgelacht. Jetzt sagt Eli nichts mehr
zu Hofni und Pinhas, wenn die Leute sich über sie beschweren. Er zuckt nur
noch mit den Achseln.

Eli kümmert sich nur noch um Samuel und bringt ihm alles bei, was der Junge
wissen muss, wenn er Tempelpriester werden will. Eli und Samuel sind die
ganze Zeit zusammen im Tempel. Sie essen und sie schlafen sogar gemeinsam
dort. Hinten bei den großen Säulen machen sie abends ein Lager aus Gras und
Strohmatten und decken sich mit warmen Wolldecken zu.

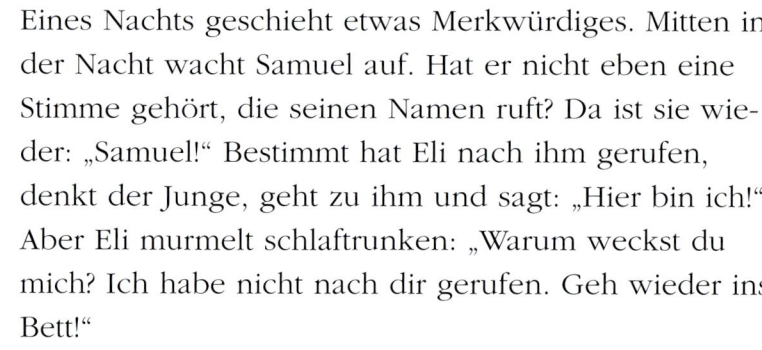

Eines Nachts geschieht etwas Merkwürdiges. Mitten in der Nacht wacht Samuel auf. Hat er nicht eben eine Stimme gehört, die seinen Namen ruft? Da ist sie wieder: „Samuel!" Bestimmt hat Eli nach ihm gerufen, denkt der Junge, geht zu ihm und sagt: „Hier bin ich!" Aber Eli murmelt schlaftrunken: „Warum weckst du mich? Ich habe nicht nach dir gerufen. Geh wieder ins Bett!"

„Vielleicht habe ich nur die Katze beim Mäusefangen gehört!", denkt Samuel. Er legt sich wieder auf seine Matte, die er mit weichem Gras gepolstert hat.

Nach einer Weile hört der Junge die Stimme wieder. „Samuel!", ruft sie. Also geht er noch einmal zu Eli und sagt: „Hier bin ich, du hast mich doch gerufen!" Aber wieder meint Eli: „Ich habe dich ganz bestimmt nicht gerufen. Leg dich wieder hin!"

Samuel überlegt: „Vielleicht hat der Hund im Schlaf geknurrt und ich habe gedacht, Eli hätte mich gerufen." Dann kuschelt er sich in seine Decke und schläft ein.

Doch kurze Zeit später hört er die Stimme zum dritten Mal. Ganz deutlich ruft sie: „Samuel!" „Das war nicht der Hund und auch nicht die Katze!", denkt Samuel. Also geht er ein drittes Mal zu Eli und sagt: „Hier bin ich, du hast mich gerufen!"

Da wird dem alten Priester plötzlich klar: Es ist Gottes Stimme, die der Junge hört! Aber er erkennt sie

nicht, weil er sie noch nie zuvor gehört hat! Deshalb sagt Eli
zu Samuel: „Wenn du heute Nacht
noch einmal gerufen wirst, dann ant-
wortest du: ,Sprich, o Gott, ich höre!'"
Samuel nickt und legt sich wieder auf
sein Lager hinter der großen Säule.
Und wieder kommt Gott und ruft wie
zuvor: „Samuel! Samuel!"
Doch diesmal antwortet der kleine Tempeldiener: „Sprich, o Gott, ich höre!"
Gott sagt zu Samuel: „So kann es nicht
weitergehen mit Hofni und Pinhas.
Sie halten sich nicht an meine Gebote
und verspotten mich. Und ihr Vater
Eli tut nichts dagegen. Deshalb werde
ich ihrem Treiben ein Ende machen
und sie bestrafen, alle drei."
Samuel kann jetzt nicht mehr einschlafen. Er ist ganz verwirrt, weil Gott
mit ihm, einem kleinen Jungen, geredet
hat. „Hoffentlich fragt mich Eli nicht,
was Gott gesagt hat", denkt er. Samuel
legt sich auf seine Schlafmatte und
tut so, als ob er schläft.
Als die Sonne aufgeht, steht Samuel
ganz schnell auf und öffnet die Türen
des Tempels. Er will gerade hinunter
zum Brunnen gehen, da kommt Eli und
fragt: „Was hat der Herr zu dir gesagt?
Was wollte er von dir?"

Samuel schaut zu Boden. Er traut sich nicht, Eli zu erzählen, was er gehört hat. Doch Eli lässt nicht locker: „Rede, du darfst es nicht für dich behalten!"
Also erzählt Samuel, was Gott für Eli, Hofni und Pinhas beschlossen hat. Eli ist traurig, aber er sagt:
„Du hast wirklich mit Gott gesprochen. Was er will, soll geschehen."

Von da an spricht Gott noch oft mit Samuel. Wenn die Leute in den Tempel kommen, gehen sie jetzt zu Samuel. Sie fragen ihn, wenn sie etwas nicht verstehen. Denn Samuel weiß immer Rat. Das ganze Volk Israel merkt: Gott hat Samuel zu seinem Propheten gemacht. Und die Israeliten hören auf Samuel, weil sie wissen: Was Samuel sagt, ist Gottes Wort!

Samuel sagt zu den Menschen in Israel: „Ihr seid das Volk Gottes! Gott führt euch und zeigt euch den Weg. Deshalb seid ihr anders als alle anderen Völker. Israel braucht keinen König mit einer Krone auf dem Kopf! Gott ist unser Herrscher!"
Aber den Israeliten gefällt es nicht, anders zu sein als alle anderen. Immer wieder kommen sie zu Samuel und verlangen: „Wir wollen einen König haben!"
Samuel ist gar nicht einverstanden damit, aber schließlich redet er darüber mit Gott. Dann sagt er dem Volk: „Wenn ihr unbedingt einen König wollt, dann sollt ihr einen bekommen, sagt Gott. Aber ihr werdet schon sehen, was ihr davon habt. Könige wollen schließlich einen Palast, viele Diener und schöne Kleider. Und das kostet viel Geld. Das werdet ihr bald merken."
Das Volk Israel bekommt, was es will: Samuel salbt Saul mit heiligem Öl und macht ihn so zum ersten König der Israeliten.

Fünf Kiesel gegen Goliat

König Saul sorgt dafür, dass er alles bekommt, was zu einem richtigen König gehört: einen Palast, schöne Kleider, glitzernde Waffen, schnelle Kriegswagen und edle Pferde. Aber Saul hört nicht auf Samuel – und er hört nicht auf Gott.

Samuel ist traurig darüber, dass der König nur an sich denkt und nicht an Gott. Aber Gott sagt zu Samuel: „Vergiss Saul! Ich zeige dir den neuen König von Israel, der nach ihm auf den Thron kommt!"

Gott schickt Samuel nach Betlehem in das Haus von Isai. Der zeigt ihm seine erwachsenen Söhne – alles kräftige und kluge junge Männer. Aber Gott sagt zu Samuel: „Keiner davon ist es." Also fragt Samuel: „Sind das alle deine Söhne?" Isai erwidert: „Der Jüngste fehlt noch, David. Er ist bei den Schafen auf dem Feld. Ich lasse ihn holen."

Als David kommt, weiß Samuel sofort: Der ist es! Dieser Junge mit den roten Haaren wird einmal König von Israel werden!

Fröhlich tanzen die Schmetterlinge über die Hirtenfelder von Betlehem. Sie mögen die vielen Kräuter hier genauso gerne wie die Schafe, die hier weiden. David weiß das. Deshalb bringt er die Herde seines Vaters oft hierher. Er passt gut auf, dass kein Löwe und kein Bär den Schafen zu nahe kommt. Vor großen Raubtieren fürchtet sich David nicht, denn er hat immer seinen großen Hirtenstab und seine Schleuder dabei. Mit der kann er einem Bären einen Kieselstein genau auf seine empfindliche Nase schießen – dann rennt der Bär davon und traut sich nicht mehr an die Schafe heran. Sein Vater Isai ist stolz auf David: „Keiner kann so gut mit den Schafen umgehen wie mein Jüngster", pflegt er zu sagen. „David ist der beste Hirte, den es gibt."

David macht es auch nichts aus, wenn er den ganzen Tag allein bei den Schafen ist. In seiner Hirtentasche hat er immer seine kleine Leier mit dabei. Mittags, wenn die Sonne vom Himmel brennt, setzt er sich gerne in den Schatten eines Baumes. Dann singt David Lieder, die er selbst erfunden hat, und spielt dazu auf seiner Leier.

Als David am diesem Abend nach Hause kommt, herrscht große Aufregung im Haus. „Wir ziehen mit König Saul in den Krieg", ruft Eliab, sein ältester Bruder. „Ab morgen kämpfen wir gegen diese fiesen Philister!", sagt Abinadab, sein zweitältester Bruder. „Und Schima kommt auch mit!" Die drei rennen hin und her und suchen ihre Kleider zusammen.

„Ich will auch gegen die Philister kämpfen!", sagt David. Aber seine Brüder lachen nur: „Du kleiner Krümel willst in den Krieg? Du bist ja noch grün hinter den Ohren. Bleib du nur zu Hause und pass auf Vaters Schafe auf!"

David ist wütend. Ihm gefällt es gar nicht, dass er zu Hause bleiben soll, wenn seine Brüder in den Krieg ziehen. Wenn er einen Löwen verjagen kann, dann kann er auch für König Saul kämpfen, findet er. Jeden Tag bettelt David bei seinem Vater, dass er sich die Krieger einmal mit eigenen Augen ansehen darf. Das Heer der Israeliten hat sein Lager im Terebinthental – das ist nicht allzu weit von Betlehem entfernt.

Schließlich gibt Isai nach: „Du darfst deine Brüder im Heerlager besuchen. Dann kannst du ihnen gleich etwas zum Essen mitbringen. Aber nach einem Tag kommst du wieder zurück – hast du verstanden?"

David jubelt. Schnell packt er zehn frisch gebackene Brote und einen Beutel geröstete Körner in einen Korb. Dann macht er sich auf den Weg ins Terebinthental.

Als er dort ankommt, haben sich die Israeliten und der Philister schon zum Kampf aufgestellt – die Israeliten auf der einen Seite des Tales, die Philister auf der Seite gegenüber. Da entdeckt David seine Brüder. Er lässt sein Gepäck bei den Zelten und rennt zu ihnen. Auf einmal sieht David, wie die Philister auf der anderen Seite einem riesigen Krieger Platz machen.

„Das ist Goliat!", flüstert Schima. „Mir wird schon ganz schlecht vor Angst, wenn ich den nur sehe. Schau mal, was der für Waffen hat!"

Der riesige Goliat trägt eine dicke Rüstung am ganzen Körper. An seinem Gürtel baumelt ein langes Schwert. In der einen Hand hat er einen schweren Schild und in der anderen einen gewaltigen Speer. Plötzlich fängt Goliat an, laut zu schreien: „Wer wagt es und kämpft mit mir?"

Eliab stöhnt leise: „Jetzt geht das wieder los! Jeden Tag macht der sich über uns lustig. Wenn ihm doch nur einer mal das Maul stopfen würde!"

Auf der anderen Seite des Tales brüllt der Riese Goliat weiter: „Habt ihr keinen, der den Mumm hat, gegen mich zu kämpfen? Los, kommt schon, ihr Feiglinge! Wenn mich einer von euch im Zweikampf besiegt, habt ihr den Krieg gewonnen! Aber wenn ich gewinne, werdet ihr alle unsere Sklaven sein!"

Aber keiner von den Israeliten tritt vor. Keiner traut sich, gegen Goliat zu kämpfen. Alle haben Angst vor ihm – auch König Saul.

„Wenn es kein anderer macht, dann kämpfe ich eben gegen Goliat", sagt David.

„Du bist wohl verrückt!", schimpfen seine großen Brüder. Aber David hört ihnen gar nicht zu. Er geht geradewegs zum Zelt von König Saul. Es ist das größte und schönste Zelt im Lager. David geht hinein, verbeugt sich vor dem verdutzten König und sagt: „Mein König! Ich bin bereit. Ich mache es!"

König Saul fragt verwirrt: „Was machst du, Junge? Wer bist du überhaupt?"

David antwortet: „Ich bin David aus Betlehem. Ich habe keine Angst vor diesem Philisterkrieger. Ich kämpfe gegen Goliat!"

Der König ist sprachlos. Er weiß nicht, ob er lachen oder schimpfen soll. Schließlich sagt Saul: „Das geht nicht, David! Du bist viel zu jung für einen Zweikampf! Das ist doch viel zu gefährlich für dich!"

Aber David schüttelt den Kopf, dass seine roten Haare nur so fliegen: „Mit Verlaub, mein König, das stimmt nicht! Zu Hause hüte ich die Schafe für meinen Vater. Vor zwei Wochen hat sich ein Löwe angepirscht und eines der Lämmer gerissen. Da bin ich hinter ihm her und habe ihn mit meinem Hirtenstab erschlagen. Wenn ich allein einen Löwen totschlagen kann, dann werde ich auch mit diesem Goliat fertig. Ich weiß: Gott ist auf meiner Seite. Er hilft mir. Es wird alles glattgehen, ganz bestimmt!"

König Saul weiß nicht, was er sagen soll. Er geht im Zelt auf und ab und überlegt. Nach einer Weile meint er: „Also gut, kämpfe gegen Goliat! So kann es schließlich nicht weitergehen mit diesem elenden Philister-Großmaul! Gott sei mit dir!"

Dann befiehlt König Saul seinen Dienern: „Bringt mein Kriegsgeschirr!" Saul gibt David seine Rüstung, setzt David seinen Helm auf und hängt ihm sein eigenes Schwert um. Der Junge versucht einen Schritt zu gehen – und fällt hin. Die Rüstung ist viel zu groß und zu schwer für ihn. Er nimmt den Helm ab, damit er wieder sehen kann. Dann schnallt er den Brust- panzer und die Bein- schienen ab. Jetzt kann David wieder gehen.

„Das brauche ich alles nicht", sagt er. „Gott ist bei mir. Das ist besser als jede Rüstung."
Auch den Speer von König Saul will David nicht haben. Er geht zum Fluss und sucht sich
fünf glatte Kieselsteine. Die legt er in seine Hirtentasche und holt seine Schleuder heraus.
Inzwischen ist es Mittag geworden. Die Sonne steht hoch am Himmel. David watet durch
den Fluss, hebt seinen Stock hoch und geht auf Goliat zu. Er ruft ihm zu: „Hier bin ich.
Ich werde mit dir kämpfen!"
Goliat sieht auf David hinunter und lacht dröhnend. Es klingt, als würde eine Lawine
den Berg hinunterdonnern. Der Philister schreit: „Bin ich denn ein Pudel, dass du mit einem
Stöckchen zu mir kommst, du Hundesohn? Komm nur her, ich werde dich den
Geiern zum Fraß vorwerfen!"
David antwortet ruhig: „Du kommst zu mir mit einem Schwert, einem Speer und einem
Schild. Aber ich komme zu dir mit Gott
an meiner Seite. Und er gibt mir
den Sieg!" Dann greift David
blitzschnell in seine Ta-
sche, legt einen Kiesel
in die Schleuder

und schießt ihn auf Goliat. Der Stein trifft ihn mitten
auf die Stirn. Der Philisterkrieger wankt. Dann fällt er
auf sein Gesicht und bleibt tot liegen.
Als die Philister sehen, dass ihr stärkster Krieger tot ist,
laufen sie alle davon – so schnell sie können. Jetzt
fangen die Männer aus dem Volk Israel an zu schreien:
„David hat gewonnen! Der Riese ist tot! Hoch lebe
David! Hoch, hoch, hoch!"

Jetzt ist David ein Held.
Alle Israeliten jubeln ihm
zu. Von nun an darf er bei König
Saul im Königspalast wohnen.
Davids bester Freund ist Sauls
Sohn Jonatan. Als David älter
ist, heiratet er Jonatans Schwester Michal. Und als König Saul
gestorben ist, wird David König
von Israel.

Gott ist mein Hirte

Auch als David König ist, vergisst er Gott nicht. Immer, wenn er Zeit hat, holt David seine alte Leier und dichtet für Gott neue Lieder. Einige davon kannst du in der Bibel lesen. Man nennt diese Lieder Psalmen. Auch den bekanntesten der Psalmen hat David gedichtet.

Gott ist mein Hirte.
Deshalb fehlt mir nichts.
Er ist immer für mich da
und gibt mir alles, was ich brauche.
Seine Schäfchen führt er auf herrliche grüne Wiesen
und an klare, kühle Bäche.
Gott, mein Hirte, passt gut auf,
dass seiner Herde nichts geschieht.
Er führt mich auf dem richtigen Weg.
Und wenn es einmal durch ein dunkles,
unheimliches Tal geht,
brauche ich trotzdem keine Angst zu haben.
Er beschützt mich mit seinem Hirtenstab.
Gott, du hilfst mir und lässt mich nie allein!
Du sorgst für mich,
auch wenn die Feinde schon ganz nah sind.
Jeder Tag ist wie ein Geschenk bei dir.
Ich weiß: Deine Güte und deine Liebe
werden mich mein Leben lang begleiten.
Wie gut, dass ich immer zu dir gehören darf!

Der Wunsch des Königs

Viele Jahre ist David König von Israel. Als er alt und schwach geworden ist, bestimmt David: „Mein Sohn Salomo soll nach mir König werden!" Das Volk freut sich sehr darüber, denn alle mögen Salomo viel lieber als seine älteren Brüder. Als David stirbt, wird Salomo der neue König von Israel.

Ein Hoch auf Salomo! Lang lebe König Salomo!", rufen die Menschen in Israel. Sie jubeln, weil Salomo ihr neuer König ist. Jetzt hat Davids Sohn das Sagen im Land. Salomo bestimmt über die Menschen in Israel. Ihm gehorchen alle Soldaten. Und er ist der oberste Richter. Viele Leute werden zu Salomo kommen, damit er ein gerechtes Urteil spricht. Aber das macht dem jungen König auch ein wenig Angst. Immer wieder fragt er sich: „Kann ich das alles überhaupt?"

Eines Nachts hört Salomo die Stimme Gottes. Sie sagt zu ihm: „Wünsche dir, was du willst! Ich werde es dir geben."

Da antwortet Salomo: „Mein Gott! Du hast mich nach meinem Vater David zum König gemacht. Aber ich bin noch so jung und weiß oft nicht, was ich tun soll. Doch du hast mir dein Volk Israel anvertraut. So viele Menschen sind jetzt in meiner Hand! Deshalb bitte ich dich: Schenk mir ein Herz, das auf dich hört, damit ich das Volk führen und den Menschen ein gerechter Richter sein kann!"

Und die Stimme Gottes antwortet: „Mir gefällt deine Bitte. Du hättest dir ein langes Leben oder großen Reichtum oder den Tod deiner Feinde wünschen können. Aber du hast mich um ein hörendes Herz gebeten. Dein Wunsch soll in Erfüllung gehen. Ich werde dich so weise und klug machen, wie nie ein Mensch gewesen ist!"

Bald schon hat es sich überall herumgesprochen: Salomo ist der klügste König, den es gibt. Und er ist weiser als alle Richter im ganzen Land.

Eines Tages kommen zwei Frauen mit einem kleinen Baby zu ihm. Die eine sagt zu Salomo: „Mein König, ich und diese Frau da, wir wohnen ganz allein im selben Haus. Vor ein paar Wochen habe ich dort ein Kind geboren – und sie war dabei. Drei Tage später hat sie dann auch einen Sohn bekommen. Doch in der Nacht ist das Kind dieser Frau gestorben, weil sie es im Schlaf erdrückt hat. Da hat diese Betrügerin mir meinen Sohn weggenommen, als ich geschlafen habe, und mir ihr totes Baby in die Wiege gelegt. Am nächsten Morgen wollte ich meinem Kind die Brust geben und da lag ein toter Junge in der Wiege! Ich weiß genau, dass es nicht mein Baby war!"

Die andere ruft verzweifelt: „Nein, das stimmt nicht! Das Baby, das lebt, ist mein Sohn, Dein Kind ist tot und mein Kind lebt." Doch die erste kreischt aufgebracht: „So wahr ich hier vor dem König stehe: Dein Kind ist tot und mein Kind lebt!" Laut streiten sich die beiden um den weinenden Jungen.

Wie soll Salomo nun herausfinden, welche Frau nun tatsächlich die Mutter des kleinen Jungen ist? Niemand sonst war dabei und kann sagen, was geschehen ist. Salomo weiß: Er kann nur mit einer List herausfinden, welche von den beiden Frauen lügt. Er ruft: „Ich habe genug gehört! Gebt mir mein Schwert!" Da hören die Frauen auf zu streiten. Sie fragen sich: Was hat der König vor?

Als sein Diener das Schwert des Königs bringt, sagt Salomo: „Schneidet das Kind hier entzwei! Dann bekommt jede eine Hälfte!"

Die eine Frau schreit laut auf, fällt vor Salomo auf die Knie und ruft: „Mein König, tut das nicht! Gebt der anderen das Kind, aber lasst es leben! Mir ist alles recht, nur tötet den Jungen nicht!"

Die andere sagt: „Das Kind soll weder dir noch mir gehören! Teilt es mit dem Schwert!"

Jetzt weiß Salomo, wer die Mutter des Jungen ist. Er legt das Schwert beiseite und sagt: „Gebt den Jungen der Frau, die nicht will, dass er getötet wird! Sie ist seine Mutter, denn sie liebt ihn so sehr, dass sie sogar auf ihn ver-zichten würde!"

Da staunen alle über Salomos große Weisheit. In ganz Israel erzählen sich die Leute die Geschichte von Salo-mos Urteil. Alle bewundern ihren König, der so klug und gerecht ist. Sie erkennen: Salomos Weisheit ist ein Geschenk von Gott!

Salomo regiert viele Jahre als König von Israel. Überall ist er wegen seiner Weisheit berühmt. Sogar Fürsten aus fernen Ländern kommen zu ihm nach Jerusalem, um sich bei ihm Rat zu holen. Aus Dank lässt Salomo in Jerusalem einen prächtigen Tempel für Gott bauen.

Gott sorgt für Elija

Die Könige, die nach Salomo das Volk Israel regieren, sind nicht so mutig wie David oder so klug wie Salomo. Sie kümmern sich nicht mehr um Gott. Am schlimmsten treiben es König Ahab und seine Frau Isebel. Sie beten Baal an, den Blitz-und-Donner-Gott. Sogar einen großen Tempel lässt Ahab für Baal bauen. Deshalb schickt Gott einen Propheten zu ihm. Sein Name ist Elija.

Obadja, der Palastvorsteher, verbeugt sich tief: „Mein König! Draußen ist ein Mann, der zu euch vorgelassen werden will. Sein Name ist Elija. Er sagt, er hat eine Botschaft von Gott für euch."

König Ahab antwortet: „Ich habe nach keinem Baalspropheten geschickt. Sagt ihm ..."

Doch weiter kommt der König nicht. Krachend fliegt die große Tür zum Thronsaal auf.

„Mich schickt auch nicht dein handgemachter Götze Baal", ruft Elija. „Ich komme vom Gott Israels, dem Gott von Abraham, Isaak und Jakob. Der lässt dir sagen: Von heute an wird kein Regen mehr fallen im Land. Das ist die Strafe dafür, dass du, König Ahab, nichts mehr von Gott wissen willst und das Volk dazu anstiftest, Götterbilder anzubeten."

König Ahab wird wütend. Er befiehlt seinen Soldaten: „Hinaus mit diesem Schreihals!" Doch Elija lässt sich nicht einschüchtern: „Auch wenn du mich aus deinem Palast werfen lässt – mich wirst du trotzdem nicht los."

Es kommt, wie Elija gesagt hat: Drei Jahre lang fällt kein Regen in Israel. Auf den Feldern wächst nichts mehr – kein Getreide, kein Gemüse. Die Wälder vertrocknen. Schafe und Ziegen finden kein Gras mehr. Menschen und Tiere müssen Hunger leiden. Und sie haben auch kaum mehr Wasser zu trinken, weil die Bäche und Flüsse austrocknen.

König Ahab ist wütend, dass Elija recht behalten hat. Er hat seinen Soldaten eine große Belohnung versprochen, wenn sie den Propheten fangen. Deshalb muss sich Elija verstecken. Doch Gott hilft ihm und führt Elija zu einem kleinen Bach, der noch nicht versiegt ist. Jeden Tag kommen drei Raben und bringen ihm Fleisch. „Ich habe Braten und Wasser – mehr hat auch der König nicht", sagt sich Elija. Doch nach einiger Zeit ist auch dieser Bach trocken und die Raben bringen nichts mehr zu essen für Elija.

Aber Gott lässt Elija nicht im Stich. Er schickt ihn ins Nachbarland: „Dort, in der Stadt Sarepta, wohnt eine Witwe. Sie kann dir zu essen und zu trinken geben."

Als Elija zum Stadttor von Sarepta kommt, sieht er eine Frau, die Brennholz sammelt. Er bittet sie: „Hab Erbarmen mit mir und gib mir einen Schluck Wasser! Und wenn du hast, auch ein Stückchen Brot!"

Die Frau schüttelt matt den Kopf: „Ich würde dir gerne helfen. Aber mein Sohn und ich, wir haben selbst kein Brot mehr. Alles, was uns bleibt, ist ein bisschen Mehl und ein paar Tropfen Öl. Mit diesem Holz hier will ich meinem Sohn und mir einen letzten Fladen Brot backen. Dann haben wir beide nichts mehr zu essen und müssen verhungern."

Elija sieht, wie der Frau die Tränen über die Wangen rinnen. Er sagt zu ihr: „Hab keine Angst! Geh nach Hause und mach alles so, wie du dir vorgenommen hast! Aber back zuerst ein kleines Fladenbrot für mich! Den Rest kannst du für dich und deinen Sohn verbrauchen. Gott hat mir versprochen, dass von heute an das Mehl in deinem Topf und das Öl in deinem Krug nicht mehr ausgehen werden bis zu dem Tag, an dem er wieder Regen über das Land schicken wird."

Die Frau sieht Elija verwundert an. Dann wischt sie mit der Hand über ihre Augen und tut, was der Prophet gesagt hat. Sie backt ein kleines Brot für Elija und bringt es ihm mit einem Becher Wasser. Dann backt sie Brot für sich und ihren Sohn. Es duftet wunderbar im Haus und alle werden satt. Zum Dank nimmt die Witwe Elija bei sich im Haus auf. Er darf in der Dachkammer wohnen. Jeden Tag haben die drei genug Brot zu essen, denn der Mehltopf und der Ölkrug werden tatsächlich nie leer.

Elija auf dem Berg Karmel

Palastvorsteher Obadja tritt wieder einmal vor den König. Er ist ganz bleich und zittert. Draußen steht der meistgesuchte Mann im Land – der Prophet Elija. Die königlichen Soldaten haben ihn nicht fassen können. Darüber ist der König außer sich vor Zorn. Obadja hat Angst, dass Ahab ihn bestraft. Mit dünner Stimme meldet Obadja: „Mein König, der Prophet Elija ist da. Ich ..."

Da schiebt Elija den Palastvorsteher unsanft beiseite. Als König Ahab den Propheten sieht, ruft er aufgebracht: „Du schon wieder! Du wagst es, hier aufzutauchen, nachdem du das Land ins Verderben gestürzt hast!"

Elija antwortet: „Nicht ich habe Unglück über Israel gebracht – das warst du! Du kümmerst dich nicht um Gottes Gebote und betest diesen Götzen Baal an. Jetzt ist es so weit: Das Volk muss sich entscheiden zwischen Baal und dem lebendigen Gott! Ganz Israel soll sich auf dem Berg Karmel versammeln. Sorge dafür, dass auch alle Propheten Baals dort sind. Dann wird sich zeigen, welcher Gott lebendig und mächtig ist."

Der König überlegt einen Augenblick, dann sagt er: „Also gut! Schickt alle zum

Berg Karmel! Dann werden wir ja sehen, wer die Macht hat in Israel
– und dich werde ich endlich los!"

Alle sind gekommen – das Volk und der König,
Elija und die Baalspropheten. Der Berg Karmel
ist voller Menschen. Ganz oben sind zwei große Altäre aufgebaut. Um den einen stehen die
Propheten Baals. Es sind so viele, dass sie fast
keinen Platz auf der Bergspitze haben. Vor
dem anderen Altar steht ein einziger Mann:
der Prophet Elija. Er ruft dem Volk Israel zu:
„Jetzt müsst ihr euch endlich entscheiden. Wer soll euer Gott sein: der
Gott von Abraham, Isaak und
Jakob – oder Baal?" Doch Elija bekommt keine Antwort.
Da sagt er: „Ihr könnt euch
nicht entscheiden? Dann sollt
ihr mit eigenen Augen se-
hen, welcher Gott der
wahre ist!"
Die Propheten op-
fern einen jungen
Stier für Baal. Sie
legen Brennholz
und Fleisch auf den
Altar. Aber sie zünden
kein Feuer an. Die Pro-
pheten tanzen mit großen
Sprüngen um den Altar
und rufen: „Baal, erhöre

uns. Zeig uns deine Macht und entzünde unsere Gabe für dich!" Aber nichts geschieht.

Elija lacht sie lauthals aus. „Ihr müsst lauter schreien! Vielleicht hat Baal ja gerade etwas Wichtigeres zu tun und hört euch nicht", spottet er. „Oder er macht ein bisschen Urlaub? Nein, ich hab's: Er hält gerade sein Mittagsschläfchen. Auf, schreit lauter, damit er aufwacht!"

Die Propheten Baals rufen noch lauter, damit sie Elijas Lachen nicht hören müssen. Aber so sehr sie auch hüpfen und rufen, es tut sich nichts. Da geht Elija zu seinem Altar. In aller Ruhe legt er das Holz darauf. Dann schüttet er Wasser auf das Holz – so lange, bis es ganz feucht ist und sich ein richtiger Wassergraben rund um den Altar gebildet hat. Dann erst legt Elija die Fleischstücke darauf. Er tritt ein paar Schritte zurück, hebt seine Hände und betet: „Mein Gott! Alle sollen heute sehen: Du bist der wahre, der einzige Gott! Zeig deine Macht! Dann findet dein Volk zu dir zurück!"

Da schlägt ein gewaltiger Blitz neben Elija in den Altar ein. Im Nu lodern hohe Flammen auf und verbrennen alles: das Fleisch, das Holz, ja sogar die Steine des Altars und das Wasser im Graben. Ein Aufschrei geht durch das Volk. Alle werfen sich auf den Boden und rufen: „Der lebendige Gott ist unser Herr! Er ganz allein!"

„Da, seht", ruft ein Mädchen und zeigt zum Himmel. „Eine Wolke, eine richtige Wolke!" Und es bleibt nicht die Einzige. Der Wind bläst schwere schwarze Wolken vom Meer herbei. Und dann beginnt es zu regnen – zum ersten Mal seit so vielen Jahren. Die Kinder jubeln und hüpfen vor Freude in den Pfützen, denn so etwas haben sie noch nie erlebt. Auch Elija tanzt mit ihnen. Da sieht er, wie der König mit seinem Wagen davonfahren will. Elija bindet sein Gewand mit seinem Gürtel hoch, läuft mit nackten Beinen vor dem Wagen des Königs her und ruft: „Es regnet, König, es regnet! Was sagst du nun?"

Gott hat seine Macht gezeigt am Berg Karmel. Als Königin Isebel davon erfährt, rast sie vor Zorn und will Elija umbringen lassen. Das macht den Propheten traurig und mutlos. Er legt sich unter einen Strauch und will sterben. Doch Gott schickt einen Engel mit Brot und Wasser zu Elija und schenkt ihm wieder neuen Mut. Elija bekommt einen neuen Auftrag. Er soll Israel einen neuen König geben. Und er soll einen Schüler bekommen: Elischa. Der soll Elija helfen, dass das Volk zu Gott zurückkehrt.

Ein Bad für Naaman

Die Bibel erzählt, dass Gott den Propheten Elija in einem Feuerwagen zu sich in den Himmel geholt hat. Nur sein Mantel blieb auf der Erde zurück. Jetzt gehört er seinem Schüler Elischa. Er ist jetzt der wichtigste Prophet in Israel. Von überall her kommen die Menschen, um sich bei ihm Rat und Hilfe zu holen.

Wusch, wusch, wusch, macht der Besen.

„Puh, Susanna", hustet Ahu. „Du wirbelst ja so viel Staub auf, dass ich die Sonne gar nicht mehr sehen kann."

„Dann zeig doch mal, dass du es besser kannst", erwidert Susanna und wirft ihm den Besen zu. „Oder ist sich der Herr Leibdiener des großen Generals Naaman dafür zu schade?"

Da hören die beiden Schritte. Die Herrin kommt und ruft: „Susanna, wo bleibst du denn?" Seit General Naaman krank ist, hat seine Frau schlechte Laune.

„Geh sofort zum Apotheker und hol noch mehr von der Salbe!", befiehlt die Frau General ihrer Dienerin. „Mein Mann hat alles aufgebraucht, weil ihn seine Haut wieder so schrecklich juckt. Der weiße Ausschlag wird immer schlimmer! Wenn wir nur jemand finden würden, der Naaman wieder gesund macht!"

Susanna fällt etwas ein: „Bei uns zu Hause in Israel gibt es einen Propheten, der könnte den Ausschlag bestimmt heilen. Elischa ist sein Name. Er wohnt in der Stadt Samaria. Zu schade, dass wir hier so weit von meiner Heimat Israel wohnen! Aber vom Land Aram bis nach Samaria, das ist ein sehr weiter Weg!"

Als seine Frau beim Mittagessen von Elischa erzählt, hört General Naaman gespannt zu. „Ich möchte mich endlich wieder wohlfühlen in meiner Haut", ruft er. „Und wenn ich dafür nach Israel reisen muss! Ich werde den König gleich heute Nachmittag um Urlaub bitten." Er zieht seine besten Kleider an und lässt sich von Ahu in den Palast fahren.

Auch der König möchte, dass Naaman wieder gesund wird und schickt ihn nach Samaria. Und er gibt seinem obersten General einen Brief für den König von Israel mit auf den Weg.

Schon am nächsten Morgen brechen Naaman und sein Diener Ahu auf. Hinter dem vornehmen Pferdewagen des Generals trotten zwei schwer beladene Maultiere. Sie tragen viele Geschenke aus Silber und Gold und kostbaren Festgewänder.

Als sie nach einer langen, beschwerlichen Reise endlich in der Stadt Samaria ankommen, geht Naaman sofort zum Palast des Königs von Israel. Er überreicht ihm die Geschenke und den königlichen Brief. Darin steht: „Ich bitte dich: Mach Naaman, meinen obersten General, wieder gesund!"

Der König von Israel ruft erschrocken: „Ich kann dich nicht gesund machen. Ich bin doch nicht Gott!" Er glaubt, die Leute aus Aram suchen Streit und wollen einen Krieg mit Israel anfangen. Der König hat solche Angst, dass er sich seinen Mantel herunterreißt und sich in einem Zimmer in seinem Palast versteckt.

Bald reden alle Leute in Israel von dem kranken General, der nach Israel gekommen ist, um gesund zu werden. Auch der Prophet Elischa hört davon. Er schickt seinen Diener mit einer Botschaft zum König: „Warum hast du Angst vor diesem Fremden? Schicke Naaman nur zu mir. Ich werde ihm helfen!"

Also fahren General Naaman und Ahu zum Haus des Propheten. Aber Elischa kommt nicht selbst heraus, um die Fremden zu begrüßen. Er schickt seinen Diener mit einer Botschaft: „Mein Herr lässt dir sagen, dass du zum Jordanfluss fahren sollst. Dort sollst du ins Wasser steigen und siebenmal untertauchen. Dann bist du wieder gesund."

Naaman wird wütend und brüllt: „Was? In diesen jämmerlichen, dreckigen Fluss soll ich steigen? Dafür bin ich so weit gereist? Und dein Herr, dieser angebliche Prophet, lässt sich noch nicht einmal sehen! Ich habe erwartet, dass er mit mir betet und mir dann seine Hand auf die kranken Stellen legt! Baden kann ich auch zu Hause!" Der General ist so zornig, dass er in den Wagen steigen und wegfahren will.

Ahu versucht ihn zu beruhigen: „Herr, so warte doch! Es ist doch gut, wenn der Prophet etwas ganz Einfaches von dir verlangt! Wenn es etwas Schweres gewesen wäre, hättest du es bestimmt gemacht! Versuch es doch wenigstens! Wenn es nicht klappt, können wir ja immer noch nach Hause fahren."

General Naaman lässt sich von Ahu überreden. Zusammen gehen sie zum Jordan. Naaman zieht sich aus, gibt Ahu seine Kleider und steigt ins Wasser. Dann taucht er unter: einmal, zweimal, dreimal. Da spürt er: Seine Haut juckt nicht mehr. Er taucht noch dreimal unter. Naaman merkt: Die Haut ist wieder schön rosig. Und als er nach dem siebten Mal aus dem Wasser auftaucht, jubelt Naaman: „Ich bin gesund! Der Ausschlag ist verschwunden! Meine Haut ist so zart und fein wie ein Kinderpopo!"
Schnell zieht sich Naaman an und läuft zum Haus von Elischa.
Er bedankt sich überschwänglich bei dem Propheten: „Ich bin so froh! Jetzt weiß ich, dass dein Gott wirklich helfen kann."
Naaman will Elischa Gold und Silber schenken. Aber der Prophet mag nichts annehmen.
Da bittet Naaman: „Wenn ich dir wirklich nichts schenken darf, dann erbitte ich mir ein Geschenk von dir. Ich möchte so viel Erde hier aus Israel in meine Heimat Aram mitnehmen, wie meine beiden Maultiere tragen können. Zu Hause will ich auf dieser Erde einen Altar bauen. Dann kann ich auch in Aram dem Gott des Volkes Israel Dankopfer bringen."
Elischa nickt. Damit ist er einverstanden. Als Naaman und Ahu ihre Tiere beladen haben, ruft er ihnen zum Abschied nach: „Gott sei mit euch! Geht hin in Frieden!"
Auf dem Heimweg meint Ahu: „Nun hat sich die Reise doch gelohnt!" Und sein Herr erwidert lachend: „Ja, Susanna hat sich ein neues Kleid wirklich verdient!"

Gott schickt noch viele Propheten wie Elischa zu seinem Volk. Durch sie spricht er zu den Menschen in Israel. Diese Propheten sind keine Hellseher und auch keine Wahrsager – sie schauen genau hin und sagen den Menschen die Wahrheit, auch wenn sie sie manchmal gar nicht hören wollen. Die Propheten zeigen allen, wo Reiche und Mächtige ihren Mitmenschen Unrecht tun. Sie trösten die Armen und Schwachen und machen ihnen neuen Mut.

Daniel im Löwenkäfig

Das Volk Israel muss viele schlimme Zeiten erdulden. Oft herrscht Krieg, weil die mächtigen Nachbarländer das kleine Land Israel überfallen. Die Bibel sagt: Gottes Volk geht es deswegen so schlecht, weil sich seine Könige nicht an Gottes Wort halten und nicht auf Gottes Propheten hören. Sie verbünden sich lieber mit falschen Freunden, als auf Gott zu vertrauen. Darunter muss das ganze Volk leiden. Fremde Armeen erobern Israel. Das Volk Gottes wird jetzt von fremden Königen regiert. Die Herrscher von Babylonien sind besonders gemein: Sie nehmen viele Israeliten gefangen und führen sie aus ihrer Heimat weg. Sie müssen mit nach Babylonien kommen und dürfen nicht mehr in Israel wohnen. Zu ihnen gehört auch Daniel.

Daniel steigt die Treppe hoch und geht in die kleine Kammer unter dem Dach. Dort kniet er sich vor das Fenster und schaut hinaus. Daniel weiß: In dieser Richtung, viele, viele Kilometer von hier, liegt seine alte Heimat Israel. Dort ist er geboren. Aber als er noch ein junger Mann war, kamen Soldaten aus Babylonien nach Israel. Sie haben seine Heimtstadt Jerusalem erobert und viele Männer und Frauen gefangen genommen. Alle mussten sie mit nach Babylonien kommen. Deshalb wohnt Daniel schon lange in einem fremden Land. Hier ist alles ganz anders als zu Hause. Die Menschen sprechen eine fremde Sprache und beten viele fremde Götter an. Die Sprache der Babylonier hat Daniel inzwischen gut gelernt. Er kann sie sogar lesen und schreiben. Denn Daniel hat Glück: Er und seine Freunde arbeiten für den König der Babylonier. Daniel ist ein kluger Mann und der König hört oft auf seinen Rat. Deshalb geht es ihm besser als vielen anderen Israeliten. Trotzdem sind sich Daniel und seine Freunde einig: Mit den Göttern von Babylon wollen sie nichts zu tun haben. Sie bleiben dem Gott Israels auch im fremden Land treu. Deshalb geht Daniel morgens, mittags und abends auf den Dachboden, kniet sich vor das Fenster und betet zum lebendigen Gott.

Heute ist Daniel traurig. König Darius hatte einen neuen Befehl verkünden lassen: In diesem Monat darf niemand in seinem Reich zu jemand anderem als zum König der Babylonier beten. Wer es trotzdem tut, wird den Löwen zum Fraß vorgeworfen.

Daniels Freunde sind sicher: „Da stecken die Statthalter des Königs dahinter. Die sind nur neidisch auf dich. Sie wollen dir eine Falle stellen! Sei vorsichtig und bete am besten im Keller!"

Aber das kann Daniel nicht. Er will seinem Gott treu bleiben. Deshalb kniet er auch weiterhin am Fenster, wo ihn jeder sehen kann. Dort bittet er Gott um seinen Schutz und seinen Segen.

Daniel weiß genau: Seine Feinde können ihn dabei sehen. Bestimmt sind sie schon unterwegs zum König, um ihn anzuklagen.

Am Abend kommen zwei Soldaten zu Daniel und nehmen ihn fest. Sie bringen ihn zu König Darius. Traurig sagt er zu Daniel: „Ich wollte nicht, dass du verhaftet wirst. Du bist doch mein klügster Ratgeber! Den ganzen Tag habe ich darüber nachgedacht, wie ich dich retten kann. Aber die Statthalter des Reiches bestehen darauf: Gesetz ist Gesetz!"

Daniel antwortet: „Das weiß ich, mein König! Tu, was du tun musst."

Der König sagt zu Daniel: „Du bist deinem Gott treu bis in den Tod! Möge er dich beschützen und dich retten!"

Die Soldaten werfen Daniel in den großen Löwenkäfig. Dann lässt der König die Käfigtür versiegeln, damit niemand Daniel heimlich herauslassen kann.

Die Löwen brüllen, als Daniel auf dem Boden des Käfigs landet. Sie kommen heran und riechen an ihm. Ob das wohl ein leckeres Abendessen ist? Daniel schickt ein Stoßgebet zum Himmel: „Mein Gott, hab Erbarmen mit mir und rette mich vor den Löwen!" Da machen plötzlich alle Löwen kehrt und verziehen sich in die andere Ecke des Käfigs. Auf einmal mögen sie Daniel nicht mehr riechen. Sie tun so, als wäre er überhaupt nicht da. Daniel kann es noch gar nicht fassen. Ein Danklied für Gott kommt ihm in den Sinn. Es ist ein Psalm, den er als kleiner Junge in Israel gelernt hat. Leise singt Daniel ihn für seinen Gott – und sogar die Löwen hören zu:

„Guter Gott, du bist für mich wie ein großer, bunter Schirm:
Du lässt mich nie im Regen stehen.
In deinem Schatten fühle ich mich wohl,
auch wenn die Sonne vom Himmel brennt.
Du bist wie eine große Burg, die mich beschützt.
Deinen Engeln hast du befohlen,
dass sie mich behüten auf all meinen Wegen.

Mein Schutzengel nimmt mich bei der Hand,
damit ich nicht über einen Stein stolpere.
Sogar Löwen und Schlangen können mir nicht
gefährlich werden.
Ich kann sie mit Füßen treten und sie tun mir nichts.
Wenn ich in Not bin, ist Gott mir ganz nah.
Er sagt: ‚Verlass dich nur auf mich.
Du gehörst zu mir.
Deshalb bin ich da, wenn du mich brauchst.
Ich will, dass es dir gut geht und dir nichts geschieht
dein Leben lang.'"

Als am nächsten Morgen die Sonne aufgeht, hört
Daniel eine besorgte Stimme: „Daniel, Daniel! Lebst du
noch? Hat dein Gott dich gerettet!"
Daniel antwortet fröhlich: „Mein König, mögest du ewig
leben! Gott hat einen Engel zu mir geschickt, der mich
beschützt. Die Löwen konnten mir nichts anhaben, denn
ich habe nichts Unrechtes getan."
„Gelobt sei dein Gott, Daniel", ruft König Darius. „Ich
habe gestern vor Kummer nichts gegessen und die
ganze Nacht vor Sorge kein Auge zugetan." Der König
befiehlt seinen Dienern: „Holt Daniel endlich aus dem
Löwenkäfig heraus!"
Noch am selben Tag schreibt der König an alle Völker
in seinem Reich: „In allen meinen Ländern soll man
große Ehrfurcht haben vor dem Gott des Volkes Israel.
Denn er ist der lebendige Gott, der in Ewigkeit lebt!
Daniel hat er aus den Klauen der Löwen gerettet. Sein
Gott ist groß und mächtig, er tut Zeichen und Wunder
im Himmel und auf der Erde."

König Darius lässt die Statthalter, die Daniel nach dem Leben trachteten, hart bestrafen. Daniel dagegen geht es auch weiterhin gut am babylonischen Königshof. Eines allerdings erlebt er nicht mehr: Erst viele Jahre später dürfen die Israeliten aus Babylon nach Jerusalem zurückkehren.

Jona und der Riesenfisch

Jetzt kommt die letzte Geschichte aus dem ersten, älteren Teil der Bibel. Vielleicht kennst du sie schon. Es ist die Geschichte vom Propheten Jona, der eigentlich gar kein Prophet sein will. Dieser Jona ist kein besonders frommer oder mutiger Mann. Eigentlich ist er genau wie du oder ich. Und genauso einen Menschen ruft Gott.

Jona, geh nach Ninive! Dort sind die Menschen so gemein und böse, dass ich nicht länger zusehen kann. Sag den Leuten in Ninive, dass ich sie schwer bestrafen werde!"

Jona wacht auf. Was hat er da gerade geträumt? Nach Ninive soll er gehen, in die große, weltbekannte Stadt? Weit im Osten liegt sie, viele Tagesreisen von Jafo entfernt, wo Jona wohnt. Den Menschen dort in der Fremde soll Jona sagen, dass sie böse sind und dass sie bestraft werden. Wer hat da gerade im Traum zum ihm gesprochen? War das etwa – Gott? Ausgerechnet er, der arme, schwache Jona aus Jafo, soll den Menschen in Ninive Gottes Wort sagen. Die sind doch Feinde, die kämpfen gegen das Volk Israel! Jona weiß genau: Das kann er nicht. Und das will er nicht! „Wenn's gut geht, lachen mich die Leute in Ninive bloß aus", denkt er. „Und wenn's ganz böse kommt, dann schlagen sie mich tot! Man weiß ja schließlich, wie es Gottes Propheten so ergeht."

Deshalb beschließt Jona wegzulaufen. Er geht zum Hafen und hält Ausschau nach einem Schiff. Möglichst weit weg von Ninive soll die Reise gehen. Schließlich findet Jona eines, das nach Spanien fährt – genau in die andere Richtung, in der die Stadt Ninive liegt.

Jona hofft, dass er sich dort vor Gott verstecken kann. Er geht an Bord und bezahlt dem Kapitän viel Geld, damit er mitfahren darf. Das Schiff segelt los. Geschafft! Die ganze Aufregung hat Jona furchtbar müde gemacht. Er geht unter Deck, legt sich auf ein Kissen und schläft gleich ein.

So merkt Jona gar nicht, dass ein gewaltiger Sturm aufkommt. Riesige Wellen werfen das Schiff hin und her. Der Kapitän und seine Matrosen holen die Segel ein. Sie werfen alles über Bord, was sie geladen haben, damit das Schiff nicht sinkt. Aber es nutzt nichts. Und der Sturm wird immer schlimmer.

„Da hilft nur noch beten!", ruft der Kapitän. Alle Matrosen knien sich hin. Jeder betet zu seinem Gott um Hilfe. Der Kapitän sieht, dass Jona nicht dabei ist. Er geht nach unten und schüttelt ihn kräftig: „Aufwachen, Fremder! Wir sind in großer Gefahr. Bete zu deinem Gott, dass er uns rettet! Sonst sind wir alle verloren!"

Jona weiß gleich: Den Sturm hat Gott geschickt!

Er sagt zu dem Kapitän: „Ich bin schuld an dem Sturm! Ich habe meinem Gott nicht gehorcht und wollte vor ihm davonlaufen. Bestimmt hört er mich nicht mehr, wenn ich zu ihm bete."

Der Kapitän fragt verzweifelt: „Und was sollen wir jetzt tun?"

„Werft mich ins Meer", sagt Jona, vor Angst kreidebleich im Gesicht. „Dann wird der Sturm aufhören und euch wird nichts passieren."

Doch keiner der Matrosen will so etwas
Schlimmes tun. Sie versuchen, aus dem
Sturm herauszufahren. Aber sie schaffen es
nicht. Schließlich geben sie auf. „Bestrafe
uns nicht, Jonas Gott, wenn wir diesen Mann
jetzt ins Meer werfen!", beten sie. „Du hast es so
gewollt!" Sie nehmen den schlotternden Jona,
heben ihn über die Reling und werfen ihn in die
tosenden Wellen.
Da bricht die Sonne durch die schwarzen Wolken und
augenblicklich lässt der Sturm nach. Das Schiff und
seine Mannschaft sind gerettet. Die Matrosen jubeln und
danken Gott für ihre Rettung. Und Jona?
Der versinkt tief in den Fluten des Meeres. Auf einmal taucht ein riesiger Fisch vor Jona auf. Er reißt sein
gewaltiges Maul auf und verschluckt ihn. Jetzt sitzt
Jona im Bauch des Fisches und überlegt: Ob Gott den
großen Fisch geschickt hat? „Vielleicht lässt er mich
ja doch nicht im Stich", denkt Jona hoffnungsvoll. Er
kniet sich nieder und betet:

„In meiner Not rufe ich zu dir, Gott!
Ich weiß: Du kannst mir helfen.
Du hast mich aus den Fluten des Meeres gerettet.
Bitte, hol mich jetzt auch aus diesem Grab heraus!
Dann will ich dir danken und dich loben.
Alles will ich tun, was du von mir verlangst!
Du bist mein Retter, Gott, daran will ich glauben!"

Drei Tage ist Jona nun schon im Bauch des Fisches.
Da merkt er plötzlich, wie sich der Magen des Fisches

zusammenzieht. Ein tiefes Grollen rollt auf ihn zu und mit gewaltigem Schwung fliegt Jona wieder aus dem Fisch heraus. Er landet weich auf Sand; der Fisch ist an Land geschwommen und hat Jona wieder ausgespuckt. Jetzt weiß Jona: Gott hat sein Gebet erhört und ihn gerettet.

„Jona, geh nach Ninive! Sag den Leuten dort, dass ich sie bestrafen werde!"
Wieder hat Gott zu Jona gesprochen. Diesmal gehorcht Jona. Er geht den weiten Weg nach Ninive. Dort geht er auf den Marktplatz, stellt sich in eine Ecke und ruft: „Noch vierzig Tage – dann ist Ninive ein großer Haufen Schutt!" Jona findet, mehr muss er nicht sagen. Die Leute in Ninive hören sowieso nicht auf mich, denkt er.
Doch Jona irrt sich. Alle, die ihn hören, glauben Gottes Wort – sogar der König von Ninive. Alle ziehen schwarze Trauerkleider an. Sie essen und trinken nichts mehr. Große und Kleine beten: „Verschone uns, großer Gott! Es tut uns leid! Wir versprechen: Wir werden uns bessern."
Jona bekommt das alles gar nicht mit. Er hat sich gleich auf den Weg aus der Stadt gemacht. Jetzt sitzt er im Schatten einer schönen Staude mit großen Blättern und wartet darauf, dass Ninive vernichtet wird. Er wartet und wartet – und es geschieht nichts. Langsam wird Jona wütend. Hat Gott es sich etwa anders überlegt? Das geht doch nicht, findet Jona. Jetzt hat er so eine weite Reise gemacht, um den Leuten in Ninive zu sagen, dass ihre Stadt untergehen wird – und jetzt gibt es gar keinen Untergang! Zornig schimpft Jona mit seinem Gott: „Das habe ich mir doch gleich gedacht, dass du dich wieder umstimmen lässt! Du hast viel zu viel Geduld mit den Menschen. Deshalb wollte ich eigentlich auch gar nicht nach Ninive gehen. Wie stehe ich jetzt da, wenn du nicht tust, was ich den Leuten hier gesagt habe?"
Gott fragt Jona: „Hast du ein Recht, so zornig zu sein?"
Beleidigt bleibt Jona im Schatten sitzen und sagt gar nichts. Da fallen ihm plötzlich die Blätter der Staude auf den Kopf. Sie ist eingegangen. Aus ist es mit dem Schatten! Jetzt brennt Jona die Sonne auf den Kopf. Ihm wird ganz elend. Er bekommt schreck-lichen Durst und Kopfschmerzen. Wütend beschwert sich Jona bei Gott: „Warum hast du

diese Staude eingehen lassen? Sie hat dir doch nichts getan, die arme Staude!"

Und Gott entgegnet Jona: „Warum schimpfst du schon wieder? Du hast diese Staude nicht wachsen lassen – und trotzdem tut sie dir leid. Mir tun die Menschen in Ninive leid. Auch sie habe ich erschaffen, auch sie sind meine Kinder. Deshalb will ich, dass sie am Leben bleiben!"

Ob Jona eingesehen hat, warum Gott Ninive verschont? Die Bibel sagt es uns nicht. Aber du hast es bestimmt verstanden: Gott liebt alle Menschen. Gott ist da – für jeden von uns.

117

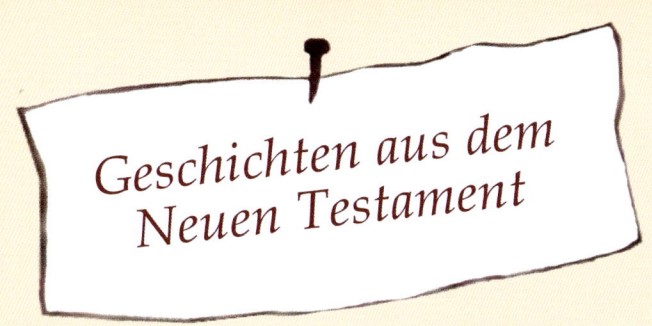

Geschichten aus dem Neuen Testament

Im ersten Teil deiner Kinderbibel hast du eine Menge über Gott und das Volk Israel erfahren. Hier im zweiten Teil findest du viele Geschichten über Jesus. Sie erzählen, wo er geboren wurde und gelebt hat, was er getan und gesagt hat und wie er gestorben und auferstanden ist. Diese Geschichten haben die ersten Christen gesammelt und weitererzählt. Einige Jahre später wurden sie in Büchern aufgeschrieben, die man „Evangelien" nennt. „Evangelium" bedeutet Frohe Botschaft – nämlich die, dass Gott Jesus zu uns geschickt hat, weil er die Menschen liebt.

Die Christen glauben: Jesus ist der Friedenskönig, den Gott den Menschen versprochen hat. Auf diesen Friedenskönig wartet das Volk Israel seit langer Zeit. Es nennt ihn den „Messias". Er soll endlich Frieden und Freiheit bringen.

Denn zur Zeit von Jesus herrschen die Römer über das Volk Israel. Der Kaiser in Rom ist der mächtigste Mann der Welt. Seine Soldaten haben auch das kleine Land Israel erobert. Sie nennen es „Palästina" und seine Bewohner „Juden". Der Kaiser in Rom macht Herodes zum König der Juden. Aber das Volk mag Herodes nicht. Die Männer und Frauen sehnen sich nach einem König, der das Volk Israel befreit und die Römer aus dem Land vertreibt.

Eine Nacht
bei den Hirten

Die erste Geschichte von Jesus kennst du bestimmt schon: die Weihnachtsgeschichte. Sie erzählt, wie Jesus geboren wurde. Seine Mutter Maria wohnt in Nazaret, einem kleinen Ort in der Landschaft Galiläa. Eines Tages kommt ein Engel zu ihr und sagt, dass sie Gottes Sohn zur Welt bringen wird. Dieser Junge, der Jesus heißen soll, ist der Friedenskönig, den Gott zu den Menschen schickt.

Kurz vor der Geburt von Jesus muss Maria mit ihrem Mann Josef nach Betlehem reisen. Denn der römische Kaiser Augustus hat befohlen, dass jeder Mann in Israel zu dem Ort gehen muss, aus dem seine Familie kommt. Dort muss sich jeder in die kaiserlichen Steuerlisten eintragen lassen. Viele sind deshalb nach Betlehem gekommen, weil sie zur Familie von König David gehören. So kommt es, dass alle Herbergen in Betlehem überfüllt sind, als Maria und Josef dort ankommen. Mit viel Glück können sie schließlich in einem Stall übernachten. Dort bringt Maria den kleinen Jesus zur Welt.

Micha und seine Mutter packen das Abendessen in einen Weidenkorb: Fladenbrot, Oliven, Schafskäse. Auch einen Krug Wein stellt Michas Mutter dazu. Sie hat es eilig: „Komm schon", treibt sie Micha an. „Dein Vater und die anderen haben es nicht gerne, wenn sie so lange auf ihr Abendessen warten müssen." Schnell machen sich die beiden auf den Weg zum Hirtenfeld von Betlehem.

Dort werden sie schon erwartet. „Na endlich!", ruft Michas Vater und reibt sich die Hände. Auch die anderen kommen und wärmen sich am Lagerfeuer: Michas Großvater, sein Onkel und seine drei Cousins. Alle sind sie Hirten und hüten ihre Herden auf den Hirtenfeldern von Betlehem. Wenn Micha alt genug ist, wird er auch ein Hirte – ein schöner Beruf, findet er. Viel verdient ist dabei allerdings nicht. Michas Eltern sind arm, ihre Kleider sind voller Flicken und das Dach ihrer Hütte hat viele Löcher.

Aber Micha weiß: Sogar König David hat Schafe gehütet, bevor er nach Jerusalem ging. Micha kennt viele Geschichten von Königen und Propheten. Die hat ihm sein Großvater erzählt. Nichts ist schöner als eine spannende Geschichte nach dem Abendessen, findet Micha. Deshalb bettelt er: „Großvater, bitte, erzähl mir von David!"

Großvater lächelt: „Das tu ich gerne, mein Junge. Vor tausend Jahren, da hütete David genau hier die Schafe seines Vaters Isai. Eines Tages kam ein Knecht zu ihm gerannt und rief: ‚Komm schnell mit! Samuel, der große Prophet, ist da. Er will dich sehen!' Als David nach Hause kam, standen da sein Vater und seine sieben Brüder neben einem fremden Mann. Das war Samuel. Als der David kommen sah, wusste er: Diesen Jungen hat Gott auserwählt! Samuel trat vor David hin, goss Öl über seinen Kopf und salbte ihn zum König von Israel. Und David wurde der größte und beste König, den Israel je hatte."

„Ja, der David, das war noch ein König, an dem Gott Gefallen hatte", findet Onkel Ruben und beißt in sein Fladenbrot. „Kein Dieb und Mörder wie dieser König Herodes in Jerusalem."

„Sag so was nicht!", mahnt Michas Mutter erschrocken. „Wenn das einer hört und einem Herodes-Spitzel erzählt, geht es dir an den Kragen. Dann lässt dich Herodes ins Gefängnis werfen."

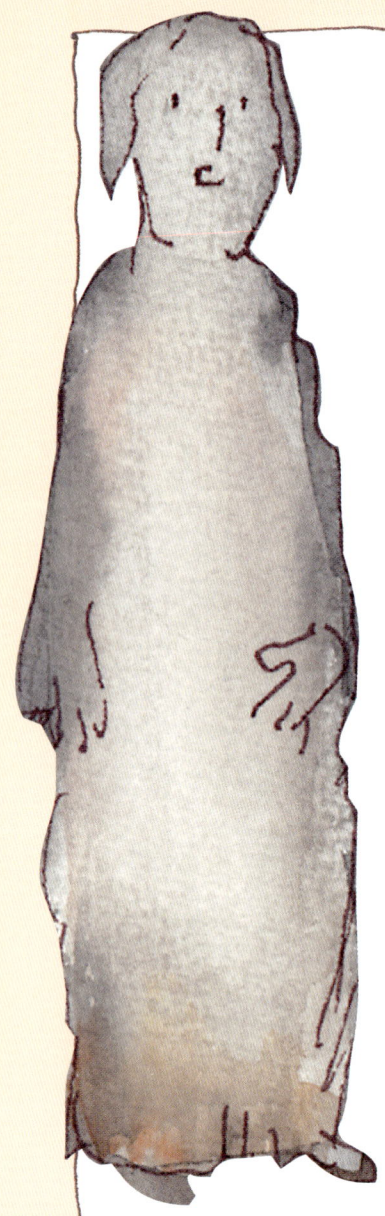

Michas Großvater sagt bedächtig: „Es steht geschrieben, dass hier in Betlehem einmal der Friedenskönig geboren wird, der Messias. Gott wird diesen Retter zu uns schicken. Der wird das Volk Israel frei machen und uns von Ungerechtigkeit und Streit erlösen. Das würde ich gerne noch erleben." Die Männer nicken und schweigen. Sie sehen ins Feuer und hören zu, wie die Holzscheite knacken.

Auf einmal merkt Micha, dass es ganz still geworden ist – sogar die Grillen haben aufgehört zu zirpen. Plötzlich fegt eine gewaltige Windbö durch die Olivenbäume. Dann strahlt helles Licht auf. Vor Schreck zieht sich Micha seine Jacke über den Kopf und kriecht zu seiner Mutter. Seine Cousins verstecken sich hinter einem großen Olivenbaum. Vater und Onkel Ruben umklammern fest ihre Hirtenstöcke. Nur Großvater ist am Feuer sitzen geblieben. Er hält sich die Augen mit den Händen zu. Eine helle Stimme ruft: „Fürchtet euch nicht!" Die Stimme ist so sanft und klar, dass Micha vorsichtig unter seiner Jacke hervorschaut. Eine strahlend schöne Gestalt steht da. Um sie herum funkelt bunter Lichterglanz. Micha weiß auf einmal: Das ist ein Engel! Gott hat einen Engel geschickt!

Dann spricht der Engel zu ihnen:
„Ich habe eine frohe Botschaft für euch und für das ganze Volk.
In der Stadt Davids ist heute der Friedenskönig geboren;
er ist der Messias, der sein Volk retten wird!
Das ist das Zeichen, an dem ihr ihn erkennen könnt:
Ihr werdet ein Kind finden, das in Windeln gewickelt ist
und in einer Futterkrippe liegt."

Auf einmal ist da nicht nur ein Engel, sondern eine ganze Engelschar.
Sie machen den dunklen Nachthimmel ganz hell und singen:
„Groß und herrlich ist Gott in der Höhe
und auf Erden ist Frieden bei den Menschen, die er liebt!"

Und dann sind die Engel auch schon wieder verschwunden. Die Hirten schauen sich an. Michas Vater sagt: „Diesen König will ich sehen! Kommt ihr mit?" „Darauf kannst du wetten", erwidert Onkel Ruben. „Los, gehen wir!" Alle gehen zusammen auf das Dorf zu. „Da, seht nur!", ruft Onkel Ruben. „Im Stall von Bauer Benjamin brennt Licht!"
„Stimmt", meint Michas Vater. „Der Ochse braucht in der Nacht bestimmt keine Lampe. Da ist jemand! Vielleicht finden wir dort das Kind?"

Michas Vater klopft mit seinem Hirtenstab gegen die Stalltür. Eine kleine Weile später kommt ein Mann heraus, den Micha noch nie in Betlehem gesehen hat. Sein Vater spricht leise mit dem Fremden, dann öffnet er die Tür und Micha kann in den Stall sehen.
Neben Bauer Benjamins Ochsen sitzt eine junge Frau. Sie sieht sehr erschöpft aus und lehnt sich an die Stallwand an. In ihrem Arm hält sie ein neugeborenes Baby. Es ist in ein rotes Schultertuch gewickelt. Ganz behutsam legt es seine Mutter in die mit weichem Heu ausgepolsterte Futterkrippe.
Sie haben das Kind gefunden! Micha kann es noch gar nicht glauben. Alles ist genau so, wie es der Engel gesagt hat. Verlegen bleiben die Hirten vor dem Stall stehen und trauen sich nicht hinein. Nur Micha zappelt vor Ungeduld und fragt: „Darf ich mir das Baby mal ansehen?" Die junge Frau winkt ihn herein. So klein und zerbrechlich sieht es aus.
„Wie heißt er?", fragt Micha.
„Wir werden ihn Jesus nennen", antwortet seine Mutter.
Ihr Mann sagt: „Ein Engel hat Maria aufgetragen, dass wir dem Kind diesen Namen geben sollen: ‚Gott rettet'. Aber woher weißt du, dass es ein Junge ist?"

„Gott sei gelobt! Auch bei uns war ein Engel", erwidert Michas Großvater. „Der hat es uns gesagt und uns zu euch geschickt." Und dann erzählt er alles über die Engel und was sie von dem Kind erfahren hatten."
Maria, die Mutter des kleinen Jungen, sagt: „Ich danke Gott, dass er euch zu uns geführt hat. Ich werde eure Worte nicht vergessen und will sie in meinem Herzen bewahren. Wenn Jesus einmal groß genug ist, werde ich ihm von eurem Besuch am Tag seiner Geburt erzählen."
Dann verabschieden sich Micha und die Hirten von dem kleinen Jesus, von Maria und von ihrem Mann. Draußen beginnt es, hell zu werden. Da zeigt Michas Vater in den Himmel und ruft: „Sehr ihr ihn, den Morgenstern? Er steht genau dort, wo heute Nacht die Engel gesungen haben."
„Das Kind, zu dem sie uns geschickt haben, ist wie dieser Stern", meint Michas Großvater nachdenklich.
„Es vertreibt die dunkle Nacht und lässt es hell werden in unseren Herzen."

In einer anderen Geschichte wird erzählt, dass nicht nur Hirten aus Betlehem zum neugeborenen Jesuskind gekommen sind. Weise Männer aus einem fernen Land im Osten haben in den Sternen gesehen, dass ein ganz besonderer König geboren wird. Sie folgen einem besonders hellen Stern bis zur Krippe. Sie haben königliche Geschenke mitgebracht: Gold, Weihrauch und Myrrhe. Sie teilen mit Maria, Josef und den Hirten ein ganz besonderes Geheimnis: Dieses Kind ist der Friedenskönig, den Gott zu den Menschen geschickt hat.

Jesus wird getauft

Die Bibel erzählt zwar, wie Jesus geboren wurde. Dann aber schweigt sie für lange Zeit. Wie Jesus als kleines Kind in Nazaret aufgewachsen ist, wissen wir nicht. Erst als er ein erwachsener Mann von etwa dreißig Jahren ist, erfahren wir wieder etwas von Jesus.

Bevor er damit beginnt, den Menschen von Gott zu erzählen, lässt er sich taufen.

Elieser steht ganz vorne in einer großen Schar von Menschen. Sie sind alle zum Jordanfluss gekommen, weil sie dem Propheten Johannes zuhören wollen.

„Ganz schön heiß heute", sagt er und wischt sich den Schweiß von der Stirn. „Ich komme mir vor wie eine gedörrte Feige."

„Das kannst du laut sagen", erwidert der Mann neben ihm. „Ich freu mich schon auf ein Bad im Fluss. Ich heiße Silas."

„Und ich bin Elieser aus Nazaret", stellt sich sein Nebenmann vor. „Dass hier so viele Leute bei diesem Johannes sind, hätte ich nicht gedacht. Wenn man ihn so sieht mit seinem verstrubbelten Haarschopf und dem Kamelhaarumhang – er kommt daher wie ein Prophet aus alten Zeiten."

„Die Leute sagen, dass Johannes nur Heuschrecken und wilden Honig isst! Kein Wunder, dass er so dünn ist!", meint Silas. „Aber wenn man ihm zuhört, dann vergisst man, wie er aussieht."

DU BIST MEIN GELIEBTER SOHN

Da sehen sie, wie Johannes sich aufrichtet, damit ihn alle hören können. Er sagt: „Macht euch bereit für den Friedenskönig, den Gott bald zu den Menschen schickt! Zeigt Gott, dass ihr zu ihm gehören wollt! Lebt so, wie Gott es will! Ändert euer Leben und bessert euch! Gott will euch vergeben, was ihr falsch gemacht habt. Macht einen neuen Anfang mit Gott und lasst euch taufen!"

Ein Mann fragt Johannes: „Was sollen wir tun?"

Johannes antwortet: „Hast du zwei Hemden?" Der Mann nickt. „Dann gib dem eins ab, der kein Hemd hat. Hast du genug zu essen?" Wieder nickt der Mann. „Dann teile es mit einem, der Hunger hat."

Einige Männer und Frauen gehen zu Johannes ans Flussufer. Auch Silas gehört zu ihnen. Er erzählt Johannes, was er in seinem Leben falsch gemacht habt und dass er ein neues Leben mit Gott beginnen will. Johannes geht mit ihm in den Fluss. Dort tauft er ihn: Er taucht Silas im Wasser unter – ganz so, als wäre er schmutzig und das Wasser wusch ihn wieder rein.

Ganz durchnässt kommt Silas zu Elieser und lacht: „Jetzt fühle ich mich wie neu geboren. Heute fängt mein neues Leben mit Gott an. Komm Elieser, lass dich doch auch taufen!"

Während Elieser noch darüber nachdenkt, sieht er unten am Fluss plötzlich ein bekanntes Gesicht. „Den Mann da vorne, der gerade zu Johannes geht, den kenn ich", ruft er erstaunt. „Der ist auch aus Nazaret! Das ist Jesus, der Sohn von unserem Zimmermann Josef. Man sagt, er ist mit Johannes verwandt!"

Die beiden neuen Freunde sehen, wie sich Johannes und Jesus begrüßen. Dann hören sie, dass

Jesus sagt: „Ich bin heute zu dir gekommen, weil du mich taufen sollst."

Doch Johannes schüttelt den Kopf: „Das kann ich nicht tun. Ich kann doch nicht ausgerechnet *dich* taufen! Du bist Gott viel näher als jeder andere. Eigentlich müsste ich zu dir kommen, damit du *mich* taufst!"

Silas und Elieser sind verwirrt. Was bedeutet das? Warum will Johannes diesen Jesus nicht taufen? Es gibt nur einen, der das nicht nötig hat – und das ist der Messias! Kann es wirklich sein, dass dieser Jesus Gottes Friedenskönig ist? Die beiden Freunde spitzen die Ohren. Sie hören Jesus antworten: „Johannes, zögere nicht und taufe mich! Das ist es, was Gott jetzt von uns will. Dann kann geschehen, was Gott für die Menschen bestimmt hat."

Da gibt Johannes nach. Er tauft Jesus. Plötzlich wird es ganz hell. Es ist, als ob sich der Himmel öffnet und eine Stimme spricht: „Du bist mein geliebter Sohn. Dich habe ich ausgewählt."

Silas sieht ein Flirren, wie von einer flatternden Taube. Ist das Gottes Geist? Auch Elieser fällt es schwer, zu verstehen, was sie da gehört und gesehen haben. Er kann es gar nicht fassen: Jesus, der Zimmermannssohn aus Nazaret, soll der Friedenskönig sein!

Silas flüstert: „Dieser Jesus – er ist es wirklich! Er ist der königliche Retter, den Gott uns versprochen hat. Jetzt kommt eine neue Zeit. Und wir beide sind mit dabei!"

Nach seiner Taufe will Jesus erst einmal ganz allein sein. Er zieht sich zurück in die Wüste. Dort kann es sehr gefährlich sein – Hitze und Durst machen einem schwer zu schaffen. Das hatte schon das Volk Israel erfahren, als es Mose aus Ägypten geführt hat. Aber die Wüste kann auch schön sein. Dort ist es ganz still und man kann wunderbar nachdenken. Dort hat man das Gefühl, die Erde kommt dem Himmel ganz nah. Deshalb bleibt Jesus eine Zeit lang ganz allein in der Wüste, um mit seinem Vater im Himmel zu sprechen. Dann macht er sich auf den Weg, um den Menschen von Gott zu erzählen.

129

Vier Fischerfreunde

Nach seiner Taufe geht Jesus an den See Gennesaret. In einem kleinen Fischerdorf geht er ins Versammlungshaus und erzählt den Fischern, die dort wohnen, von Gottes neuer Welt, die bald kommen wird.

Simon und Andreas sind Brüder. Sie wohnen in einem kleinen Dorf am See Gennesaret. Es heißt Kafarnaum. Wie die meisten hier sind die beiden Fischer. Jede Nacht fahren die Brüder hinaus auf den See und werfen ihre Netze aus. Im Morgengrauen kommen sie zurück. Dann verkaufen sie ihre Fische auf dem Markt.

Heute haben Simon und Andreas genug gefangen. Als es hell wird, holen sie ihre Netze ins Boot. Da sehen sie einen Mann am Ufer stehen.

„Ist das nicht dieser Jesus?", fragt Andreas. „Der im Versammlungshaus so spannend von Gott erzählt hat?"

Simon nickt: „Ja, das ist er wirklich. Ich weiß noch ganz genau, was er gesagt hat: ‚Macht euch bereit! Ändert euer Leben und tut, was Gott von euch will! Gott lädt euch ein in seine neue Welt.' Ich habe viel darüber

nachgedacht, was Jesus damit meint, wenn er sagt, wir sollen unser Leben ändern und Gottes Willen tun. Eigentlich möchte ich mal etwas ganz anders machen als Fische fangen. Tag für Tag nur Wasser und Netze und Fische, das habe ich so satt! Aber was kann ich schon anderes werden – ich hab ja nichts außer Fischer gelernt."

„Simon, schau mal, ich glaube, er kommt zu uns!", meint Andreas erstaunt.

Jesus geht am See entlang, genau auf die beiden zu, und sagt: „Kommt doch mit mir! Bisher habt ihr Fische gefangen – aber ich habe eine wichtigere Aufgabe für euch. Ich brauche Freunde, die mir helfen, Menschen zu Gott zu rufen. Ich mache euch zu Menschenfischern!"

Simon und Andreas sehen sich an. Es ist, als hätte bei ihnen der Blitz eingeschlagen.

Jetzt auf einmal versteht Simon, was sich in seinem Leben ändern muss, damit er Gottes Willen tun kann. Ein Leben mit Jesus – das ist es!

Simon braucht nicht lange zu überlegen. „Ich mach's. Ich geh mit Jesus. Und du?"

Andreas lässt das Netz fallen. „Ich auch." Zu Jesus sagen sie: „Wir kommen mit dir."

„Gut", freut sich Jesus. „Aber wir brauchen noch mehr Freunde."

Weiter draußen auf dem See sitzen Jakobus, sein Bruder Johannes und ihr Vater Zebedäus in ihrem Boot. Sie rufen: „Was ist denn los?

Warum lasst ihr eure Netze liegen?"

Jesus ruft: „Die brauchen sie jetzt nicht mehr. Sie kommen mit mir und werden Menschenfischer."

„Menschenfischer?", fragt Jakobus. „Was ist denn das?"

„Kommt doch mit uns", erwidert Jesus. „Gott braucht Menschen wie euch. Dann können wir allen Menschen zeigen, dass Gottes neue Welt bald da ist."

Jakobus und Johannes steigen aus dem Boot und gehen zu Jesus. Zebedäus schreit ihnen hinterher: „Was macht ihr da? Ihr könnt mich doch nicht mit den Fischen und dem Boot alleine lassen."

Aber die beiden Brüder hören ihn schon nicht mehr. Sie rennen zu Simon, Andreas und Jesus. Jakobus fragt: „Was machen wir jetzt?" Jesus antwortet: „Jetzt ziehen wir durch das ganze Land. Alle Leute sollen hören, dass Gott die Menschen liebt."

Jesus findet noch mehr Freunde, die von ihm lernen und ihm helfen. Schließlich sind es zwölf. Sie heißen: Simon, den Jesus „Petrus" nennt, Andreas, Jakobus, Johannes, Philippus, Bartholomäus, Levi Matthäus, Thomas, der kleine Jakobus, Simon der Zelot, Judas Thaddäus und Judas Iskariot. Man nennt diese Zwölf auch seine „Jünger". Mit ihnen zieht Jesus von Dorf zu Dorf.

Durch das Dach zu Jesus

Jesus zieht mit seinen Jüngern durch das Land. Überall erzählt er, dass Gott die Menschen liebt. Alle, die ihm zuhören, spüren: Gott ist ganz nah, wenn Jesus spricht. Deshalb kommen immer mehr Menschen zu ihm. Sie wollen hören, was er von Gott erzählt. Und sie bringen Kranke zu Jesus, damit er sie wieder gesund macht.

Zacharias, Timon und Matthias sind die besten Freunde. Alles machen sie gemeinsam. Zu dritt gehen sie morgens zur Arbeit. Abends sitzen sie dann bei einem Becher Wein zusammen.

Doch eines Morgens wird alles anders. Als Zacharias und Timon zum Haus von Matthias kommen, ist niemand da. Die beiden schauen sich verwundert an. Zacharias fasst sich ein Herz und ruft zum Fenster hinein: „Matthias, wo bleibst du denn? Wir warten auf dich!"

„Ich kann nicht mitkommen", ruft Matthias. „Meine Beine wollen nicht so, wie ich es will. Kommt morgen wieder! Vielleicht geht's mir dann besser."

Aber es wird immer schlimmer mit Matthias. Er kann nicht stehen, nicht gehen, noch nicht einmal richtig sitzen. Jeden Tag kommen Zacharias und Timon, um zu sehen, wie es ihrem Freund geht. Der wird von Tag zu Tag trauriger. Nach ein paar Tagen sagt Matthias: „Ich muss fort von hier. Ich kann nicht mehr alleine wohnen bleiben. Mein Bruder Alphäus will sich um mich kümmern." Die drei sind sehr traurig, dass sie sich trennen müssen.

Zacharias und Timon zählen, wie viel Geld sie gespart haben. Aber es reicht nicht, um einen guten Arzt zu bezahlen. Sie fragen überall herum, ob es jemand gibt, der ihrem Freund Matthias helfen kann. Eines Tages hören sie, wie ein Fischhändler auf dem Markt von einem Mann erzählt, der Kranke heilt: „Dieser Jesus kennt tolle Geschichten von Gott. Und er macht Kranke gesund – ganz umsonst!"

Zacharias und Timon sehen sich an. Dieser Jesus kann bestimmt auch ihren Freund Matthias gesund machen! Aufgeregt fragen sie den Fischhändler, wo sie Jesus finden können. Noch am selben Tag bauen sie eine Trage für Matthias. Am nächsten Morgen wollen sie ihn bei seinem Bruder Alphäus abholen. Aber Matthias will nicht mitkommen: „Es ist schön, dass ihr gekommen seid. Ihr braucht euch nicht zu bemühen: Mir kann eh keiner helfen. Ich habe lange darüber nachgedacht, warum ich nicht mehr gehen kann. Bestimmt will mich Gott bestrafen, weil ich zu viel falsch gemacht habe in meinem Leben. Deshalb bin ich jetzt gelähmt. Da kann auch dieser Jesus nicht helfen!"

Doch Zacharias und Timon geben nicht auf. Sie legen Matthias auf die Trage. Auch Alphäus hilft mit. Zu dritt bringen sie ihn nach Kafarnaum. Dort brauchen sie nicht lange nach Jesus zu suchen. Eine riesige Menschenmenge steht vor dem Haus, in dem er ist. Alle drücken und schieben, weil sie auch zu Jesus wollen.

„Oh je", stöhnt Zacharias. „Da kommen wir nie durch! Und mit der Trage schon gar nicht."

„Ich will wieder nach Hause", jammert Matthias.

„Kommt überhaupt nicht in Frage!", sagt Timon entschlossen. „Irgendeinen Weg muss es geben. Mir fällt bestimmt etwas ein."

Timon sieht, dass hinter dem Haus eine lange Leiter steht. Da hat er eine Idee: „Wenn es durch die Tür nicht geht, dann eben durch das Dach! Wir nehmen ein paar Ziegel weg und lassen Matthias auf der Trage hinunter – genau vor die Füße von Jesus."

Gesagt, getan! Zacharias nimmt die Ziegel vom Dach und wirft sie zu Timon hinunter. Der fängt sie auf und stapelt sie ordentlich. Drinnen im Haus hören sie den Hausbesitzer schimpfen: „Was fällt euch ein! Hände weg von meinem Haus!"

Aber die Freunde lassen sich nicht beirren. Timon steigt auch aufs Dach, Alphäus hält die Leiter fest. Jetzt kommt das Schwierigste: Jetzt muss Matthias hinauf aufs Dach. Sie ziehen ihn in seiner Trage mit zwei langen Seilen hoch, Alphäus passt auf, dass sein Bruder nicht aus der Trage fällt. Dann lassen sie ihren gelähmten Freund durch das Loch hinunter, genau dort, wo Jesus steht. Er schaut hoch zu den Männern auf dem Dach, lächelt und nickt. Zacharias und Timon atmen auf. Jetzt wissen sie: Jesus wird ihrem Freund helfen.

Matthias liegt auf dem Boden vor Jesus. Der sieht ihn lange an, dann sagt er: „Deine Schuld ist dir vergeben. Alles, was du falsch gemacht hast, zählt nicht mehr."

Was soll denn das? Zacharias und Timon sind völlig verwirrt. Schuld vergeben, das kann nur Gott im Himmel, denken sie. Aber Jesus kann doch nicht alles, was Gott kann – oder etwa doch?!

Einige Männer im Haus fangen an zu murren: „So etwas darf dieser Jesus nicht!"

Aber Jesus fragt sie: „Was ist leichter? Sagen: ‚Deine Schuld ist dir vergeben!'? Oder: ‚Steh auf, du bist gesund!'?"

Jetzt ist es mucksmäuschenstill. Keiner wagt eine Antwort.

Da fährt Jesus fort: „Gott hat mir die Macht gegeben, Schuld zu vergeben. Und er hat mir die Macht gegeben, kranke Menschen zu heilen. Das sollt ihr gleich selbst sehen."

Er beugt sich zu Matthias hinunter und sagt: „Steh auf, nimm deine Trage und geh nach Hause! Du kannst es, vertrau mir!"

Langsam richtet sich Matthias auf. Dann hebt er vorsichtig erst das eine Bein, dann das andere. „Es klappt!" Matthias kann es nicht fassen. Sogar mit den Zehen wackeln kann er wieder. Matthias steht auf und schaut nach oben zu seinen Freunden. Er hat Tränen in den Augen. „Danke!", stammelt er. „Danke!", sagt er auch zu Jesus. Mehr bringt er nicht heraus. Dann nimmt er seine Trage. Alle machen ihm Platz, damit Matthias zur Tür hinausgehen kann.

Zacharias und Timon strahlen über das ganze Gesicht. „Zwick mich mal! Dann weiß ich, dass ich nicht träume", sagt Zacharias.

„Ein Wunder ist geschehen", sagt Timon. „Ein richtiges Wunder. Dafür werde ich Gott mein ganzes Leben lang danken!"

Jesus redet nicht nur zu den Leuten, er handelt auch. Er macht nicht bloß schöne Worte, sondern er will den Menschen helfen. Jesus hilft ihnen, dass ihre Seele und ihr Körper wieder heil werden – er ist ihr „Heiland". Wenn Jesus kranke Menschen gesund macht, will er allen zeigen: Gott liebt die Menschen und schenkt ihnen einen neuen Anfang. So ist es, weil Gottes neue Welt da ist.

Jesus erzählt von Gott

Immer mehr Menschen kommen zu Jesus. Sie wollen hören, was er zu sagen hat. Bald schon passen die vielen Zuhörer nicht mehr in ein Haus. Jesus spricht deshalb von einem Berg herab zu ihnen. Erinnerst du dich? Mose hat auf einem Berg Gottes Namen erfahren und die zwei Tafeln mit den Zehn Geboten bekommen. Jetzt redet Jesus in seiner Predigt auf dem Berg über Gottes neue Welt, die kommen soll.

Zacharias muss immer wieder an die Worte von Jesus denken, als er seinen Freund Matthias gesund gemacht hat. Zu gerne möchte er hören, was Jesus noch zu sagen hat. Mit vielen anderen zusammen folgt er Jesus zu einem großen Berg. Jesus geht hinauf zum Gipfel und spricht von dort zu den Menschen:

„Glücklich sind, die nichts haben außer ihr Vertrauen auf Gott,
denn sie werden mit Gott in seiner neuen Welt leben.

Glücklich sind, die jetzt traurig sind,
denn Gott tröstet sie und schenkt ihnen neuen Mut.

Glücklich sind, die nicht mit Fäusten oder Waffen kämpfen,
denn Gott wird ihnen die Erde schenken.

Glücklich sind, die sich nach Gerechtigkeit sehnen,
denn Gott wird ihre Sehnsucht stillen.

Glücklich sind, die Mitleid haben mit anderen,
denn Gott wird für sie da sein.

Glücklich sind, die ein reines Herz haben,
denn sie werden Gott schauen.

Glücklich sind, die Frieden stiften,
denn sie werden Gottes Kinder sein.

Glücklich sind, die verfolgt werden,
weil sie tun, was Gott will,
denn sie werden mit Gott
in seiner neuen Welt leben." .

Das sind schöne Worte, findet Zacharias. Aber sie sind nicht leicht zu verstehen. Was will Gott von ihm? Ob ihm Jesus das sagen kann? Zacharias hört genau zu, als Jesus weiterspricht: „Ihr wisst, dass ihr gut zu euren Nachbarn sein sollt. Aber ihr findet nichts dabei, wenn ihr eure Feinde hasst.

Ich sage euch aber: Ihr sollt auch gut zu euren Feinden sein! Betet für alle, die euch etwas Böses antun wollen! So zeigt ihr, dass Gott im Himmel euch liebt wie ein Vater. Gott lässt die Sonne scheinen auf gute und auf böse Menschen. Er lässt den Regen fallen auf Menschen, die ihm gehorchen, und auf Menschen, die nicht seinen Willen tun.

Wenn ihr nur die Menschen liebt, die euch auch lieben – was ist daran besonders? Macht es wie Gott und tut allen Menschen Gutes! Behandelt die Menschen so, wie ihr selbst von ihnen behandelt werden wollt!"

Jetzt hat Zacharias gleich verstanden, was Jesus sagt. Aber er weiß nicht, ob er es gut finden soll. Warum soll er nett sein zu Leuten, die gemein zu ihm waren und die er nicht mag? Dann überlegt Zacharias: Wenn Gott alle Menschen liebt, dann liebt er ja nicht bloß ihn, sondern eben auch die anderen. Darüber muss er noch einmal nachdenken. Doch Jesus sagt noch mehr:

„Wenn ihr betet, dann leiert nicht einfach irgendwelche Worte hinunter. Gott will euer Herz, nicht euren Mund hören. Er ist euer Vater im Himmel, er weiß, was ihr braucht, noch bevor ihr ihn darum bittet. Ich sage euch, wie ihr beten könnt:

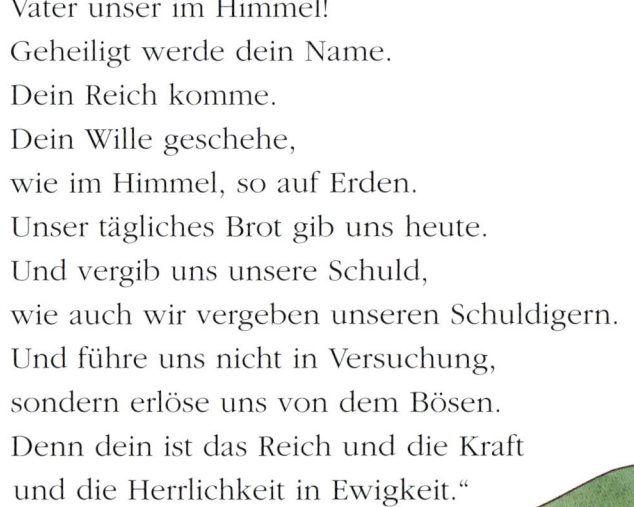

Vater unser im Himmel!
Geheiligt werde dein Name.
Dein Reich komme.
Dein Wille geschehe,
wie im Himmel, so auf Erden.
Unser tägliches Brot gib uns heute.
Und vergib uns unsere Schuld,
wie auch wir vergeben unseren Schuldigern.
Und führe uns nicht in Versuchung,
sondern erlöse uns von dem Bösen.
Denn dein ist das Reich und die Kraft
und die Herrlichkeit in Ewigkeit."

Das Gebet gefällt Zacharias. Er will es sich gut merken. Zum Schluss sagt Jesus noch:

„Wer mir gut zuhört und tut, was ich sage, ist wie ein kluger Mensch. Er baut sein Haus auf festem Felsboden. Wenn der Regen kommt und das Land überschwemmt, bleibt sein Haus trotzdem heil. Aber wer mir zuhört und nicht tut, was ich sage, ist wie ein dummer Mensch. Er baut sein Haus in den Sand. Wenn dann die Regenflut kommt, dann fällt es ein und ist bloß noch ein Trümmerhaufen."

Zacharias hat genau zugehört, was Jesus gesagt hat. Er hat sich dessen Worte eingeprägt und will tun, was Jesus sagt. Denn Zacharias spürt: Wenn Jesus spricht, spricht Gott zu ihm.

Jesus will, dass die Menschen wissen, was Gott von ihnen will. Er sagt ihnen, wie sie leben sollen, weil Gottes Reich schon unter ihnen ist.

141

Der Sturm auf dem See

Die Jünger haben schon eine Menge mit Jesus erlebt. Viele Kranke hat er gesund gemacht. Viel hat er von Gott erzählt. Sie wissen: Jesus ist Gott ganz nah. Gott hat ihm große Macht gegeben. Wie groß sie ist, erleben sie an einem Abend am See Gennesaret.

Simon lächelt, als Jesus die kleine Geschichte vom klugen Mann erzählt, der sein Haus auf Fels gebaut hat. Weil sie noch einen Jünger haben, der Simon heißt, nennt Jesus den Bruder von Andreas nämlich „Petrus" – und das bedeutet „Felsenmann".

„Jesus kann sich auf mich verlassen", denkt Simon Petrus. „Ich will wie ein Fels für ihn sein."

Da hört er Jesus rufen: „Lasst uns gehen. Ich bin müde. Wir fahren zum anderen Seeufer hinüber." Noch stehen viele Leute um Jesus herum. Simon Petrus sagt zu ihnen: „Bitte, geht nach Hause. Der Lehrer braucht jetzt Ruhe. Kommt ein anderes Mal wieder!"

Dann steigt er zusammen mit Jesus in ein großes Boot. Damit können sie auf die andere Seite des Sees fahren. Seine elf Freunde folgen ihm und setzen sich an die Ruder. Simon Petrus sieht, dass sich Jesus erschöpft auf den Boden des Bootes sinken lässt. Er legt seinen Mantel wie ein Kissen unter seinen Kopf und ist sofort eingeschlafen. Simon Petrus findet es schön, wieder mal auf dem See zu sein. Da sieht er, wie Bartholomäus ganz grün im Gesicht wird. „Na, verträgst du das bisschen Wasser nicht?", neckt er ihn. Sein Bruder Andreas und die anderen Fischer im Boot lachen. Bartholomäus antwortet nicht und hält sich krampfhaft den Mund zu. „Aber bitte nicht gegen den Wind", ruft Andreas und grinst.

Doch eine halbe Stunde später ist auch den anderen das Lachen vergangen. Aus dem Wind ist ein richtiger Sturm geworden. Das Boot wird von den Wellen hin- und hergeworfen. Immer mehr Wasser läuft in das Boot. Simon Petrus und die anderen können es gar nicht schnell genug wieder hinausschöpfen. Immer stärker wird der Sturm. Jetzt müssen sich alle festhalten, damit sie nicht aus dem Boot gespült werden.

Simon Petrus schaut verzweifelt zu Jesus. Wie kann er jetzt nur schlafen, wo wir in Todesgefahr sind?, denkt er. Und so laut er kann, schreit Simon Petrus gegen den Sturm: „Lehrer, wach doch auf! Merkst du es denn nicht? Wir werden alle untergehen!"

Da sieht Simon Petrus, dass Jesus aufsteht. „Gleich wird er mit uns beten", denkt Simon. „Und dann werden wir zusammen sterben."

Jesus fängt an zu sprechen. Ja, er schreit richtig gegen den Wind und die Wellen an. Simon Petrus kann nicht verstehen, was Jesus sagt. Aber es hört sich nicht wie ein Gebet an. „Was macht Jesus da nur?", fragt sich sein Freund. Noch einmal wird das Boot von den Wellen in die Höhe gehoben – doch es kippt nicht um. Der Sturm bläst nicht mehr so stark, die Wellen werden immer kleiner. Auf einmal liegt der See ganz still da. Kein Wind mehr, das Wasser ist so glatt, dass sich das Boot mit Jesus und seinen Jüngern darin spiegelt.

Jesus dreht sich zu seinen Freunden: „Warum habt ihr nur solche Angst gehabt? Ich bin doch bei euch! Habt ihr denn immer noch kein Vertrauen zu mir?"

Verlegen sieht Simon Petrus zu Boden. Er fühlt sich gerade gar nicht als mutiger Felsenmann. Sein Bruder Andreas flüstert ihm zu: „Ich hätte nicht gedacht, dass Jesus solche Macht hat. Ihm gehorchen sogar der Wind und die Wellen!" Simon Petrus nickt. Diese Fahrt auf dem See Gennesaret wird er bestimmt so schnell nicht vergessen.

Jesus ist ein ganz besonderer Mensch! Das haben seine Freunde jetzt gemerkt. Auch wenn sie jeden Tag mit Jesus zusammen sind, gibt es vieles, das sie nicht verstehen. Manches Mal haben sie auch Angst und fühlen sich allein gelassen. Aber wie die Jünger von Jesus können auch wir darauf vertrauen: Ganz gleich, was kommt – Jesus lässt uns nicht im Stich!

Alle werden satt

Philipp muss sich beeilen. Heute ist Markttag – der beste Tag der Woche. Da verkauft er Fladenbrot und gegrillten Fisch in Betsaida. Hastig trinkt der Junge einen Becher Milch und schlüpft in seine Sandalen. Dann klemmt er den Korb mit den Broten und den Fischen unter den Arm. „Bis später", ruft er seiner Mutter unter der Tür noch schnell zu.

Philipp ist nicht der Einzige, der nach Betsaida will. Dort kommt sein Freund Rufus. Der trägt einen Krug mit Olivenöl auf der Schulter.

„Hallo, Rufus!", ruft Philipp. „Warum hast du heute keinen Karren dabei?"

„Weil ich heute was Besseres zu tun habe, als mir auf dem Markt die Beine in den Bauch zu stehen", freut sich Rufus. „Da reicht ein Krug völlig. Wenn das Öl verkauft ist, gehe ich zu Jesus von Nazaret. Niemand kann so spannend wie er Geschichten von Gott erzählen. Das will ich nicht verpassen."

Geschichten aus der Bibel hört auch Philipp für sein Leben gern. Am liebsten mag er die Geschichte, als Gott das Volk Israel in der Wüste mit Manna versorgt. Oder die, bei der der Prophet Elija der armen Witwe verspricht, dass ihr Mehltopf nicht mehr leer wird, wenn sie Brot für ihn backt. Deshalb bettelt

Philipp: „Nimm mich mit zu diesem Mann aus Nazaret! Bitte, Rufus, bitte!"
Rufus lacht: „Klar nehme dich mit zu Jesus! Versprochen!"
Um die Mittagszeit packen die beiden zusammen. Noch hat Philipp nicht alles verkauft: fünf Brote und zwei kleine Fische sind übrig geblieben. Das gibt ein üppiges Abendbrot uns beide, denkt Philipp. „Na, dann auf zu Jesus!", ruft Rufus vergnügt.
Die zwei Freunde gehen zum Ufer des Sees Gennesaret. „Da vorne", zeigt Rufus, „da ist Jesus!" Philipp sieht einen Mann, der in einem Boot steht und von dort aus zu den Menschen spricht. Ein Junge ruft laut: „Erzähle uns eine Geschichte! Eine Geschichte!"
Jesus lacht und sagt: „Das will ich gerne tun. Denn wenn ich euch Geschichten erzähle, dann bin ich wie der Bauer, der mit einem Sack voller Körner hinaus auf sein Feld geht. Meine Worte sind wie der Samen, den er in weiten Bogen auf die Erde wirft. Manche Samenkörner fallen auf den Weg. Sie leuchten richtig in der Sonne. Gleich kommt eine Schar hungriger Vögel und pickt Körnchen um Körnchen auf, bis keines mehr übrig ist. Einige Samenkörner fallen auf felsigen Boden, wo nur wenig Erde liegt. Die Samen keimen schnell, weil das bisschen Erde schön warm ist. Aber als die Sonne vom Himmel brennt, haben die Halme zu wenig Wasser und verwelken, weil sie kaum Wurzeln haben. Ein paar Körner fallen in eine Dornenhecke. Die Halme können nicht gut wachsen, weil ihnen die Dornenzweige das Licht wegnehmen. Sie werden blass und schwach und verkümmern. Aber einige Körner fallen auf guten, fruchtbaren Boden, schlagen aus und wachsen. Schöne Ähren werden daraus: manche mit dreißig, manche mit sechzig und manche sogar mit hundert Körnern. So sollen meine Worte in eurem Herzen wachsen und gedeihen, damit euer Leben gelingt. Auch wenn das nur bei einigen von euch geschieht, so können sie doch ein Segen für alle sein."

Philipp hört gebannt zu. Es kommen immer mehr Leute, auch einige Kranke. Jesus spricht mit ihnen und legt ihnen die Hände auf, damit sie wieder gesund werden. So etwas hat Philipp noch nie gesehen.

Nach einer Weile will sich Jesus mit seinen Freunden verabschieden. Doch die Leute wollen noch nicht nach Hause gehen – auch Philipp und Rufus nicht. Sie gehen Jesus und seinen Freunden nach, bis sie zu einer großen Wiese kommen.

Einer der Jünger von Jesus will die Männer und Frauen wegschicken: „Geht nach Hause! Es wird bald Abend und Jesus ist müde!" Doch alle bleiben da, keiner geht weg. Da sagt Jesus: „Lasst sie hier bei mir! Sie sind wie Schafe, die keinen Hirten haben." Und wieder spricht er lange zu den Männern, Frauen und Kindern.

Als die Sonne sich langsam rot färbt, sagen die Jünger von Jesus: „Jetzt musst du die Menschen wirklich heimschicken, damit sie sich etwas zu essen kaufen können. Es ist schon spät!"

Aber Jesus antwortet: „Gebt ihr ihnen doch etwas zu essen! Dann brauchen wir sie nicht wegzuschicken."

Die Jünger sehen sich erstaunt an. „Hier sind einige Tausend Menschen!", wenden sie ein. „Wenn wir für alle Brot kaufen sollen, brauchen wir mindestens 200 Denare!"

Philipp erschrickt, als er das hört. „So viel Geld!", denkt er. „Sein Vater verdient gerade mal einen Denar am Tag!"

Doch Jesus antwortet: „Dann seht nach, was ihr auftreiben könnt!"

Da fasst Philipp einen Entschluss. Der Junge holt seinen Korb mit den fünf Broten und den zwei Fischen. Eigentlich sollte das ja das Abendessen für ihn und seinen Freund werden. Aber jetzt will Philipp alles Jesus schenken und gibt Brote und Fische einem der Jünger. Philipp hört, wie der Mann den Korb zu Jesus bringt und sagt: „Mehr haben wir nicht!"

„Das wird schon reichen", antwortet Jesus. Er spricht das Dankgebet über das Brot und den Fisch. Dann bricht er alles in Stücke und gibt sie seinen Freunden: „Jetzt teilt sie unter den Leuten aus! Sie sollen sich in Gruppen auf die Wiese setzen!"

Philipp kann es nicht fassen. Fünf Brote und zwei kleine Fische sollen für so viele Menschen reichen? Das wäre ja ein richtiges Wunder – so wie bei Mose in der Wüste!

Die Jünger verteilen das Essen unter den Leuten, die sich in Gruppen auf die Wiese gesetzt haben.

Und tatsächlich: Es ist genug für alle da. Alle bekommen etwas zu essen und alle werden satt. Es bleibt sogar etwas übrig; die Körbe, in denen die zwölf Jesusjünger das Essen ausgeteilt haben, werden nicht leer.

Philipp und Rufus finden: So gut haben sie schon lange nicht mehr gegessen. Mit vollem Bauch machen sie sich vergnügt auf den Heimweg. Philipp sagt zu seinem Freund:

„Jetzt weiß ich, was noch besser ist, als eine gute Wundergeschichte zu hören!"

„Was denn?", fragt Rufus.

„Bei einem Wunder selbst dabei zu sein!", sagt Philipp
und lacht.

Viele Menschen erleben, dass Jesus Dinge tut, die sie nie für möglich gehalten hätten. Sie erleben, dass die Worte und Taten von Jesus sie verändern. Aus vielen Einzelnen wird eine große Gemeinschaft. Wer zu ihr gehört, will immer mit Jesus zusammen sein und teilt alles mit den anderen. Und das gilt bis heute!

Der hilfsbereite Mann aus Samarien

Zu Jesus kommen nicht nur Arme und Kranke. Auch kluge und gebildete Männer, die sich in der Bibel gut auskennen und lange über sie nachgedacht haben, möchten mehr von Jesus hören. Zu der Zeit von Jesus nennt man Männer, die die Bibel genau studiert haben, „Schriftgelehrte". Man kann sie sogar an ihrer Kleidung erkennen, denn an ihrem Mantel sind vier besondere Quasten angenäht. Sie sollen die Schriftgelehrten immer an Gottes Gebote erinnern.

Demas ist ein frommer Mann. Er betet dreimal am Tag und liest viel in der Bibel. Sooft es geht, reist Demas nach Jerusalem. Dann betet er im Tempel und opfert dort ein Lamm.

Eines Tages hört Demas von einem neuen Lehrer. Sein Name ist Jesus. Alle sagen: Dieser Jesus spricht von Gott wie ein Prophet. Das macht Demas neugierig. So viele Fragen gehen ihm durch den Kopf, wenn er in der Bibel liest. Vielleicht weiß Jesus ja eine Antwort darauf, hofft er.

Eigentlich könnte sich Demas gleich auf den Weg zu Jesus machen. Denn der ist mit seinen Jüngern nach Jerusalem unterwegs und zieht gerade durch Samarien. Das ist gar nicht weit. Aber dann müsste Demas ins Land der Samaritaner gehen. Und das will er auf keinen Fall. Ein frommer Jude hat mit Samaritanern nichts zu schaffen, denkt Demas. Die beten und opfern nicht im Tempel in Jerusalem und wissen nicht, welche Bücher der Bibel man lesen muss. Nein, mit Samaritanern will er nichts zu tun haben! Doch nach drei Tagen ist die Neugier von Demas so groß, dass er sich doch ein Herz fasst und zu Jesus geht.

Demas fühlt sich in Samarien nicht besonders wohl und mag auch nicht viel mit den Leuten hier reden. Deshalb ist er froh, dass er Jesus schon am nächsten Tag in einem kleinen Dorf findet. Er geht zu ihm und bittet Jesus: „Lehrer, ich habe so viele Fragen, wenn ich in der Bibel lese. Deshalb bin ich dir bis nach Samarien gefolgt. Bitte sage du mir doch: Was muss ich tun, damit Gott mir das ewige Leben schenkt? Was will er von mir?"
Jesus sieht, dass Demas ein Schriftgelehrter ist. Deshalb antwortet er: „Du kennst dich doch in der Bibel gut aus. Was liest du dort?"
Demas überlegt nicht lang und sagt: „Du sollst Gott von ganzen Herzen lieben und deinen Nächsten wie dich selbst."
„Du hast richtig geantwortet", erwidert Jesus. „Liebe Gott und behandle deinen Nächsten gut. Das will Gott von dir."
Diese Antwort ist Demas nicht genug. Dafür hatte er nicht nach Samarien kommen müssen. Deshalb fragt er Jesus ein wenig ärgerlich: „Aber wer ist denn mein Nächster?"
Da erzählt ihm Jesus eine Geschichte:

Ein Mann aus Jerusalem wollte nach Jericho reisen. Auf seinem Weg wurde er von Räubern überfallen. Die schlugen ihn zusammen und nahmen ihm alles weg, was der Mann bei sich hatte: seinen Esel, sein Geld und sogar seine Kleider. Dann ließen sie ihn einfach liegen – fast nackt und so schwer verletzt, dass er nicht einmal mehr um Hilfe rufen konnte.
Da kam ein anderer Mann vorbei. Er war ein Priester und hatte gerade im Tempel in Jerusalem einen Gottesdienst gehalten. Er sah den verletzten Mann – und ging schnell vorbei.
Nach ihm kann noch ein Mann. Er war Tempeldiener und half den Priestern beim Gottesdienst. Auch er sah den Verletzten – und auch er ging schnell vorbei.
Und es kam noch ein dritter Mann. Er kam aus Samarien. Der Samaritaner sah den verletzten Mann – und blieb stehen. Er hatte Mitleid mit dem Mann, der dort lag. Der Samaritaner überlegte nicht lange, ging zu ihm und verband seine Wunden. Dann hob er ihn auf seinen Esel und brachte ihn ins nächste Gasthaus. Dort legte er ihn in ein Bett und sorgte für ihn.

Am nächsten Morgen musste der Samaritaner weiterreisen. Deshalb ging er zum Gastwirt, gab ihm zwei Silberstücke und sagte zu ihm: „Sorge gut für den Mann! Wenn es mehr kostet, als ich dir jetzt geben kann, bezahle ich es, wenn ich zurückkomme."

Als Jesus die Geschichte erzählt hat, schweigt er eine Weile. Dann fragt er Demas: „Wer von den drei Männern hat erkannt, dass der Verletzte sein Nächster ist?" Demas ist ein wenig verlegen. Er spürt: Jesus hat gemerkt, dass er die Samaritaner nicht mag. Leise antwortet er: „Der, der ihm aus Mitleid geholfen hat."
Jesus sieht Demas lange an, dann sagt er: „Nimm dir ein Beispiel an diesem Samaritaner! Er hat gewusst, was Gott von ihm will. Geh und mach es genauso wie er!"

Für Jesus ist ganz wichtig: Dein Mitmensch ist der, der dich braucht. Da spielt es keine Rolle, ob er ein Mann oder eine Frau ist, arm oder reich, schwarz oder weiß, ob du ihn magst oder nicht. Weil Gott alle Menschen liebt, können auch aus Feinden Freunde werden.

Die Geschichte vom verirrten Schaf

Zu Jesus kommen ganz verschiedene Menschen: Männer und Frauen, Junge und Alte, Arme und Reiche, Gesunde und Kranke. Jesus schickt niemanden weg – auch nicht die Leute, die von allen anderen Leuten verachtet und gemieden werden.

„Jesus kommt! Hast du gehört? Jesus kommt!" Michas Frau ist ganz außer Atem. Sie sagt zu ihrem Mann: „Du bist der Vorsteher unserer Gemeinde, du musst Jesus in unserem Versammlungshaus begrüßen!" Natürlich hat auch Micha schon von diesem Jesus aus Nazaret gehört, der Kranke heilt und von Gott erzählen kann wie kein Zweiter.

Der den Menschen immer wieder sagt, dass Gott für sie da ist und sie liebt. Aber Micha hat auch andere Dinge gehört.

„Ich weiß nicht recht. Einige in der Gemeinde lassen an diesem Jesus aus Nazaret kein gutes Haar. Sie sagen, dass er nicht weiß, was sich für einen frommen Mann gehört. Joel hat erzählt, dass sich dieser Jesus sogar von Zolleinnehmern und anderem Gesindel zum Essen einladen lässt", erwidert Micha. „Ich finde, das geht zu weit."

„Du solltest nicht so viel auf das hören, was die anderen sagen", meint Michas Frau. „Geh hin zu Jesus und frage ihn, warum er das macht! Wer weiß, vielleicht hat er sich ja etwas dabei gedacht, wenn er alle Kinder Gottes gleich behandelt?"

Also lenkt Micha ein. Zusammen mit Joel und noch ein paar anderen Männern aus dem Gemeindevorstand geht er am nächsten Tag zu Jesus. Der begrüßt die Männer freundlich und fragt: „Was führt euch zu mir? Kann ich euch helfen?"

Micha ist verlegen und weiß nicht, wie er anfangen soll. Doch noch bevor er etwas sagen kann, platzt Joel heraus: „Stimmt es, Lehrer, dass du mit dem Zolleinnehmer Levi befreundet bist? Dass du zusammen mit ihm gegessen und bei ihm gewohnt hast?"

Jesus nickt. „Ja, das stimmt. Als ich Levi kennengelernt habe, hat er noch für die Römer Zoll kassiert. Dabei hat er oft genug auch viel mehr verlangt, als nötig gewesen wäre. Es stimmt schon: Der Zolleinnehmer Levi war früher ein Betrüger, der die Leute um ihr Geld gebracht hat. Doch dann hat Levi das Zolleinnehmerleben für mich aufgegeben. Jetzt gehört er zu meinen Freunden und begleitet mich auf meinem Weg durch das Land. Da drüben steht er." Jesus zeigt auf einen großen, schlanken Mann.

„Aber das ist doch unerhört! Du kannst doch keinen Gauner zum besten Freund haben!", schimpft Joel los.

Micha ist es nicht recht, dass Joel so unhöflich ist und sagt: „Einige bei uns in der Gemeinde können nicht verstehen, warum du mit solchen Menschen zusammen bist. Sie finden, dass ein Lehrer, der Gottes Wort weitersagt, ein Vorbild sein sollte. Deshalb wollten wir dich fragen, warum du das tust."

Jesus seufzt und setzt sich auf einen Schemel: „Wenn ihr erlaubt, dann will ich euch mit einer Geschichte antworten. Vielleicht versteht ihr dann, warum ich keinen wegschicke und mich gern von jedem einladen lasse, der mir sein Vertrauen schenkt." Und Jesus beginnt zu erzählen:

Ein Hirte hatte hundert Schafe. Morgens führte er sie hinaus auf die Weide, damit sie gutes, grünes Gras fressen konnten. Abends brachte er sie zurück in den Stall, damit ihnen kein Wolf und kein Bär etwas zuleide tun konnte. Wenn der Hirte mit seinen Schafen nach Hause kam, zählte er sie. So konnte er sicher sein, dass sich keines von ihnen verirrt hatte. Doch sein Schreck war groß, als er eines Abends merkte, dass er nur neunundneunzig Schafe in seinem Stall hatte. Eines fehlte! Er hatte ein Schäfchen verloren. Er musste die neunundneunzig allein im Stall lassen und das verlorene Tier suchen.

Der Hirte nahm eine Lampe und machte sich auf den Weg. Er schaute unter den Bäumen und hinter den Büschen.

Endlich fand er das verirrte Schaf. Es hatte sich in einem Dornenstrauch verfangen und blökte jämmerlich.
„Da bist du ja, du Ausreißer!", rief der Hirte erleichtert. „Das wäre nicht mehr lange gut gegangen. Bald wärst du eine leichte Beute für den Wolf geworden!"
Der Hirte machte das Schaf schnell los und nahm es auf seine Schultern. Dann trug er das erschöpfte Tier nach Hause. Jetzt konnte sich das Schäfchen zu den anderen im Stall schlafen legen. Der Hirte war froh, dass er es gefunden hatte. Auch er konnte nun beruhigt zu Bett gehen.
Am nächsten Morgen rief er seine Freunde und Nachbarn zusammen. Er sagte zu ihnen: „Freut euch mit mir! Gestern habe ich ein Schaf wiedergefunden, das verloren war!"

Als Jesus die Geschichte erzählt hat, sagt er: „Manche Menschen sind wie Schafe, die sich verirrt haben. Sie halten sich nicht an Gottes Gebote und tun Dinge, die ihnen später leid tun. Aber jeder darf darauf vertrauen: Gott ist wie ein guter Hirte. Er freut sich über jeden, der zu ihm zurückkommt. Und deshalb sind mir alle willkommen, die ein neues Leben mit Gott anfangen wollen."

Jesus ist anders als die Prediger und Propheten. Viele Menschen finden das gut so und sind von Jesus ganz begeistert. Aber längst nicht alle sind mit dem einverstanden, was er sagt und was er tut. Einige finden: Dieser Jesus geht viel zu weit! Und ein paar mächtige Männer denken sogar: Dieser Jesus muss weg!

Jesus segnet die Kinder

Jesus kann in ganz einfachen Worten von Gott sprechen, sodass alle begreifen können, was er meint. Oft erzählt er dazu auch kleine Beispielgeschichten. Sie werden auch „Gleichnisse" genannt. Sogar Kinder können die Geschichten von Jesus verstehen. Deshalb bringen viele Mütter und Väter auch ihre Söhne und Töchter zu Jesus. Doch nicht alle finden das gut.

In einem kleinen Dorf, nicht weit entfernt von Jerusalem, wohnt Judith. Sie hat von ihren Eltern schon viel über Jesus gehört. Jetzt wünscht sie sich: „Jesus möchte ich einmal selbst sehen."

Eines Morgens hört Judith, wie die Leute im Dorf sagen: „Jesus ist auf dem Weg zu uns!"

Da läuft sie schnell nach Hause. Sie ruft ihrer Mutter zu: „Komm! Jesus ist da!"

Zusammen mit ihrer Schwester Debora gehen sie ins Dorf. Auch die Nachbarskinder und ihre Mütter kommen mit.

Und es stimmt wirklich! Im Schatten des großen, alten Olivenbaums steht Jesus. Um ihn herum haben sich schon ganz viele Leute versammelt. Die wollen die Kinder mit ihren Müttern aber nicht durchlassen. „Was haben denn Kinder hier verloren?", fragen sie wütend. „Die sind doch viel zu klein, um zu verstehen, was Jesus sagt."

Zwei der Freunde von Jesus gehen zu den Müttern und sagen: „Nehmt eure Kinder und geht wieder nach Hause! Jesus hat viel zu tun. Er kann sich nicht auch noch um kleine Kinder kümmern."

Da dreht Jesus den Kopf und schaut zu Judith und den anderen hinüber. Er fragt seine Jünger: „Was wollen die Frauen und ihre Kinder?"

Da antwortet Judiths Mutter: „Lehrer, wir haben schon viel von dir gehört – und unsere Söhne und Töchter auch. Deshalb wollten wir dich bitten, dass du die Kinder segnest."

Und wirklich – Jesus kommt zu ihnen. Er sagt: „Lasst doch die Kinder zu mir kommen und schickt sie nicht weg! Gott liebt sie, er ist für sie da. Nehmt euch lieber ein Beispiel an ihnen: Kinder lassen sich alles schenken und freuen sich daran. Leuten wie ihnen wird Gott seine neue Welt schenken. Deshalb sollt ihr vor Gott wie diese Kinder sein."

Jesus setzt sich zu Judith ins Gras und nimmt Debora in den Arm. Auch die anderen Kinder winkt er zu sich.

„Spitzt eure Ohren! Auch die Erwachsenen sollen
gut zuhören!", sagt Jesus zu ihnen. „Bald kommt Gottes
neue Welt! Merkt euch das gut!"
Judith fragt: „Wie ist das mit Gottes neuer Welt?"
Da antwortet Jesus: „Am besten, ich erzähle euch eine
kleine Geschichte:

Mit Gottes neuer Welt wird es sein wie mit einem
Senfkorn. Dieser Same ist ganz klitzeklein. Aber wenn
er in die Erde kommt und austreibt, wächst bald eine
Pflanze daraus. Immer größer und größer wird sie. Zu-
letzt ist sie so groß, dass die Vögel kommen, sich in
den Schatten ihrer Zweige setzen und dort ihre Nester
bauen. Genauso ist es mit Gottes neuer Welt."

Nachdem Jesus seine Geschichte erzählt hat, legt er
jedem Kind die Hände auf den Kopf und segnet es.
Judith freut sich sehr. „Jesus hat uns Kinder richtig
gern!", denkt sie. Und ich mag Jesus auch!

Eines ist Jesus ganz wichtig: Gottes neue Welt ist für alle da – und ganz besonders für die Kleinsten und Schwächsten. Auch wenn sie nicht so reich oder so klug oder so mächtig sind wie die Großen – Gott liebt sie gerade deswegen. Das gilt auch und gerade für Kinder! Das müssen viele erst lernen – auch die Jünger von Jesus.

Der blinde Bartimäus

Bestimmt hast du schon gemerkt: Jesus sind gerade die Menschen besonders wichtig, mit denen die anderen nichts zu tun haben wollen. Davon gibt es viele im Volk Israel. Wer arm ist oder sein Geld mit einer Arbeit verdient, die alle verachten, oder wer eine schlimme Krankheit hat, von dem wollen die meisten nichts wissen. Sie sagen sich: „Diese Leute sind bestimmt selbst schuld an ihrem Elend. Gott hat sie bestraft und deshalb sind sie jetzt so übel dran." Aber Jesus denkt nicht so. Er gibt ihnen Hoffnung und zeigt ihnen: Gott liebt auch dich!

Kikeriki! Kikeri!" Laut kräht der Hahn von Bauer Amos. Bartimäus wird davon wach. Der Morgen kommt und die Sonne geht auf. Aber das kann Bartimäus nicht sehen; er ist schon seit vielen Jahren blind. Früher, als er noch gesund war, hat er um diese Zeit erst einmal gut gefrühstückt. Dann hat er sich an seinen Webstuhl gesetzt. Bartimäus hat das Weben von seinem Vater Timäus gelernt. Bei ihm ließen sich die feinen Leute von Jericho ihre Reisemäntel weben.
Doch dann wird Bartimäus krank. Seine Augen tun bei jedem Lichtstrahl weh, sie eitern und müssen verbunden werden. Kein Arzt kann Bartimäus helfen. Nach einigen Wochen ist das ganze Geld von Bartimäus für nutzlose Medizin ver-   braucht.
Jetzt ist Bartimäus arm   und blind.

Die erste Zeit ist besonders schlimm für Bartimäus. Er verdient kein Geld, weil er nicht mehr weben kann. Seine Freunde wollen nichts mehr von ihm wissen, weil sie Angst haben, dass sie auch krank werden könnten. Einer sagt sogar zu Bartimäus: „Wer weiß, was du angestellt hast, dass dich Gott hat blind werden lassen. Und einen schlechten Menschen will ich nicht zum Freund!"

Seither muss Bartimäus jeden Tag um sein Essen betteln. Morgens zieht er einen alten, zerschlissenen Kittel an und bindet sich seinen Gürtel um. An ihn hat er eine alte Büchse festgebunden. Dann nimmt er seinen Stock und tastet sich den Weg entlang. Auf dem Marktplatz darf er nicht betteln – von dort lässt ihn der reiche Kaufmann Geser fortjagen. Also stolpert Bartimäus die Straße entlang und aus dem Ort hinaus. Er tastet sich bis zu dem großen Feigenbaum. Dort setzt er sich und stellt seine Büchse vor sich hin.

Wenn Bartimäus hört, dass jemand vorbeikommt, fängt er an, laut zu rufen: „Ein paar Münzen, bitte! Seid so freundlich und helft einem armen, blinden Mann!"

Heute hat Bartimäus Glück. Es kommen viele freundliche Menschen. Immer wieder klimpern die Geldstücke in Bartimäus' Büchse. Dann ruft er: „Tausend Dank! Möge Gott euch reich belohnen für eure Gabe!"

Bartimäus zählt das Geld in seiner Büchse. Bald kann er sich zum Frühstück beim Bäcker ein Brot kaufen. Da hört er Schritte. Schnell streckt Bartimäus seine Büchse aus und ruft: „Ein paar Münzen, bitte, für einen armen, blinden Mann!" Er hört genauer hin und merkt, dass viele Menschen kommen. Das ist seltsam, denkt Bartimäus.

„Was ist los?", fragt er laut. „Jesus kommt zu uns", ruft ein Mädchen. „Da vorne ist er! Ich kann ihn sehen!"

„Jesus?", Bartimäus wird ganz aufgeregt. „Bist du sicher?"

Aber das Mädchen antwortet nicht. Es ist schon weitergegangen.

Bartimäus hat von Jesus gehört. Er hat viele Menschen geheilt. Auch Blinde waren dabei. Bestimmt kann mich Jesus gesund machen, denkt Bartimäus. Dann braucht er nicht mehr zu betteln und kann wieder arbeiten. Dann gehört er wieder dazu und ist nicht mehr einsam.

Bartimäus hört, wie die Schritte und die Stimmen der Leute immer näher kommen. Er ruft aus Leibeskräften: „Jesus, hab Mitleid mit mir! Jesus, hilf mir!"

„Jetzt schrei doch nicht so laut!", sagt ein Mann zu ihm. „Hier hast du eine Münze, dann halt den Mund!" Aber Bartimäus will jetzt keine Münze,

er will, dass Jesus ihn hört. Deshalb brüllt er, so laut er kann: „Jesus, du Sohn Gottes! Hab Mitleid und hilf mir!"
Da merkt Bartimäus, dass die Menge stehen geblieben ist. Ein Mann ruft: „Komm hierher, Bettler!"
Bartimäus kann seinen Stock vor Aufregung nicht finden und richtet sich mühsam auf. Helfende Hände schieben ihn weiter. Dann hört er eine sanfte, freundliche Stimme: „Hier bin ich. Was willst du von mir?"

Es ist Jesus! Bartimäus ist so erleichtert, dass ihm die Knie weich werden. Er muss sich an Jesus festhalten. Dann sagte er: „Ich möchte wieder sehen können, Herr! Ich weiß, nur du kannst mir helfen! Bitte, Herr, ich möchte nicht mehr der Bettler Bartimäus sein!"

„Du hast großes Vertrauen, Bartimäus!", sagt Jesus. „Deshalb soll dein Wunsch in Erfüllung gehen. Du kannst wieder sehen!"

Bartimäus spürt, wie Jesus ihm die Binde von seinen Augen nimmt. Bartimäus blinzelt – und sieht ein lächelndes Gesicht vor sich. „Ich kann wieder sehen!", flüstert er. „Ich kann wieder sehen! Danke, Jesus, danke!"

Bartimäus hüpft und singt und lacht und weint! Alles kann er wieder ganz deutlich erkennen: die grünen Bäume, die bunt gestrichenen Häuser, die staunenden Menschen – und Jesus!
„Jetzt bin ich nicht mehr Bartimäus, der Bettler", jubelt er. „Ab heute bin ich Bartimäus, der Jünger!"
Bartimäus wirft seine Bettlerbüchse weg und geht mit Jesus.

Bartimäus hat fest daran geglaubt, dass Jesus ihm helfen kann – und ist gesund geworden. Denn Jesus ist kein Zauberer, der nur mit dem Finger schnippt. Er kann den Menschen helfen, die ihm ihr Vertrauen schenken. Aber wer nicht an Wunder glaubt, der kann auch keines erleben!

Komm vom Baum herunter, Zachäus!

Jesus und seine Jünger sind unterwegs nach Jerusalem. Ihr Weg führt sie auch nach Jericho. Erinnerst du dich? Vor langer Zeit haben die Israeliten Jericho mit ihren Posaunen erobert. Aber jetzt ist das Volk Israel nicht mehr Herr im eigenen Land – auch nicht in Jericho. Der Kaiser in Rom hat die Macht. Seine Soldaten sind überall. Sie kosten den Kaiser viel Geld. Also gibt es jetzt an jedem Stadttor ein Zollhäuschen. Wer in die Stadt hinein will, muss bezahlen. Der Zolleinnehmer kassiert den Zoll für die Römer – und für sich selbst. Wenn die Römer zehn Kupfermünzen als Zoll haben wollen, dann verlangt er fünfzehn und steckt fünf Kupfermünzen in die eigene Tasche. Das macht die Leute wütend – auf den Kaiser in Rom und auf seine Zolleinnehmer. Keiner kann sie leiden. „Gemeine Diebe und Betrüger sind sie", schimpfen die Menschen. Mit Zolleinnehmern will niemand etwas zu tun haben.

„Zwanzig, dreißig, vierzig ..." Oberzolleinnehmer Zachäus zählt die Münzen auf dem Tisch. Es ist der Zoll, den seine Unterzolleinnehmer heute bekommen haben. „Warum bringt ihr nur so wenig?", fragt Zachäus wütend. Er ist der reichste Mann in Jericho. Aber er braucht noch mehr Geld. Zachäus hat sich gerade ein prächtiges Haus gekauft. Und seine Frau hat eine neue Köchin eingestellt.

„Daran ist nur dieser Jesus schuld!", meint Unterzolleinnehmer Abel. „Der war heute im Nachbardorf. Deshalb war Jericho wie leergefegt."

„Stimmt", sagt Unterzolleinnehmer Joas. „Das hab ich auch gehört. Jesus ist mit seinen Jüngern auf dem Weg nach Jerusalem."

„Mit seinen Jüngern?", fragt Zachäus neugierig.

Joas sagt: „Na, Schüler, Freunde, so etwas in der Art. Einer von ihnen war früher ein Zolleinnehmer. Levi heißt er, glaube ich."

Zachäus horcht auf. Dieser Jesus hat einen Zolleinnehmer zum Freund. Das interessiert ihn.

„Wenn Jesus nach Jerusalem will, da muss er doch auch nach Jericho kommen", sagt Joas.

„Bestimmt sind eine Menge Leute bei ihm. Dann verdienen wir wieder richtig gut."

„Das hört sich nicht schlecht an", meint Zachäus und streicht sich zufrieden seinen Schnurrbart. Er nimmt sich fest vor: Diesen Jesus werde ich nicht verpassen!

Zwei Tage später ist es so weit. Jesus und seine Jünger kommen nach Jericho. Im Nu sind sie von vielen Menschen umringt. Viele sind gekommen, um eine seiner berühmten Geschichten zu hören. Manche sind krank und wollen von Jesus geheilt werden. Einige Mütter und Väter haben ihre kleinen Kinder mitgebracht. Die größeren Jungen und Mädchen rennen durch die Straßen und rufen: „Jesus ist da, hurra!"

Die Kinder sind so laut, dass sie alle hören können – auch Zachäus. Er sitzt zu Hause am Tisch und zählt Silberstücke. Vor ihm steht eine große Schatulle, randvoll mit glizernden Münzen. Wieder singen die Kinder draußen: „Gott liebt Große und Kleine! Jesus ist für uns da!"

Jesus? Hat er da „Jesus" gehört? Zachäus geht schnell zum Fenster. Er sieht eine große Menschenmenge. Aber Jesus kann er nicht erkennen. Er nimmt seine Mütze und läuft nach draußen. Doch auf der Straße kann er noch weniger sehen. Die Leute drängeln sich vor ihm. Und alle sind mindestens einen Kopf größer als er. „Macht Platz für den kaiserlichen Oberzolleinnehmer", schreit Zachäus. Aber die Menschen schubsen ihn nur zur Seite. „Hättest eben eine Leiter mitbringen müssen, du Mini-Zöllner!", spottet ein Mann und lacht. Einige Kinder klettern auf ein Hausdach und strecken Zachäus die Zunge heraus. „Komm doch rauf zu uns, wenn du dich traust, Zachäus, du Mini-Zöllner!", rufen sie. Was diese frechen Gören können, kann ich schon lange!, denkt Zachäus. Schnell läuft er voraus und klettert auf einen großen Baum. Von oben kann er Jesus gut sehen, wenn der gleich vorbeigeht. Als Zachäus am Baum hochklettert und sich an einen Ast klammert, lachen die Leute. Einer meint: „Schaut mal, Zachäus ist unter die Vögel gegangen. Gleich wird er davonfliegen!"

Doch dann steht plötzlich Jesus direkt unter dem Baum, auf dem Zachäus sitzt. Er schaut nach oben und sagt: „Zachäus, komm schnell herunter! Ich will heute zu dir kommen und dein Gast sein!"

Zachäus ist ganz aufgeregt. Jesus will zu ihm nach Hause kommen! Vor Aufregung fällt er fast vom Baum. Voller Stolz führt der kleine Oberzolleinnehmer Jesus zu seinem Haus. Als die Leute von Jericho das sehen, fangen sie zu schimpfen an. Sie sagen: „Zachäus ist ein ganz schlechter Mensch. Er betrügt die Leute und nimmt ihnen viel mehr Geld ab, als er muss. Seht doch nur sein Haus an! Mit unserem Geld hat er es gebaut! Mit so einem kann sich Jesus doch nicht an einen Tisch setzen!"

Alle gehen zum Haus von Zachäus. Sie machen die Tür auf und sehen zum Fenster hinein.

Gerade bringt die Köchin das Essen.

Die Leute von Jericho verlangen: „Jesus, komm mit uns! Du kannst doch nicht bei einem gemeinen Gauner zu Gast sein!"

Zachäus rennt aus dem Zimmer und kommt mit seiner Geldschatulle wieder. Er sagt zu Jesus: „Herr! Es ist wahr, ich habe bisher viel falsch gemacht in meinem Leben! Aber ich werde mich ändern. Ich werde die Hälfte von meinem Geld den Armen geben. Und wer zu viel bezahlt hat, bekommt von mir alles zurück – mit Zins und Zinseszins!"

Jesus legt seinen Arm um die Schulter von Zachäus und sagt: „Heute ist ein Glückstag für Zachäus und seine Familie. Denn ihm ist klar geworden: Gott ist wie ein Vater zu uns – und wir sind seine geliebten Kinder. Wir dürfen alle zu ihm kommen und neu anfangen. Auch Zachäus."

Dann wendet er sich an die Leute draußen und sagt: „Und euch will ich eine Geschichte erzählen."

Der Vater und seine zwei Söhne

Ein Mann hatte zwei Söhne. Die sollten einmal alles bekommen, was dem Vater gehörte: das Haus, die Tiere im Stall und alle Felder.

Eines Tages kam der jüngere Sohn zu seinem Vater und bat: ‚Gib mir doch heute schon meinen Anteil von deinem Besitz!' Da teilte der Vater alles auf, was ihm gehörte.

Der Jüngere verkaufte alles, was er bekommen hatte. Nun hatte er viel Geld. Er packte seine Sachen und ging weit weg in ein fremdes Land. Dort feierte er fröhliche Feste und gab das ganze Geld aus. Doch dann ging es ihm schlecht. Er konnte sich kein Essen mehr kaufen. Was sollte er nur tun? Er ging zu einem Bauern und sagte: ‚Ich habe solchen Hunger! Gib mir doch etwas zu essen! Ich werde auch hart dafür arbeiten!' Der Bauer sagte zu ihm: ‚Du kannst auf meine Schweine aufpassen! Aber von dem guten Schweinefutter im Trog bekommst du nichts!'

Mit leerem Magen musste er zuschauen, wie sich die Schweine den Bauch vollschlugen. Da dachte er an zu Hause: ‚Mein Vater hat so viele Arbeiter. Die bekommen alle mehr, als sie essen können. Und ich? Ich werde hier bald vor Hunger sterben. Ich will zurück zu meinem Vater gehen. Vielleicht lässt er mich als Knecht für sich arbeiten!'

Er ging den weiten Weg zurück nach Hause. Als ihn sein Vater sah, lief er ihm entgegen. Er fiel seinem Sohn um den Hals und küsste ihn. Der Sohn sagte: ‚Es war nicht richtig, was ich getan habe. Ich weiß, ich kann nicht mehr dein Sohn sein. Bitte, lass mich wenigstens als Stallknecht bei dir arbeiten.'

Doch der Vater sagte zu seinen Dienern: ‚Schnell, holt meinem Sohn ein Festgewand! Bringt ihm einen schönen Ring und Schuhe! Und dann müsst ihr ein Festmahl kochen! Wir wollen feiern und fröhlich sein. Denn ich habe gedacht, mein Sohn ist tot – aber er lebt.' Und sie feierten ein ausgelassenes Fest.

Später kam der ältere Sohn von der Arbeit nach Hause. Er hörte und sah, wie im Haus gesungen und getanzt wurde. Also fragte er einen Diener: ‚Was ist denn los?' Der antwortete: ‚Dein Bruder ist wieder da. Und dein Vater gibt ein großes Willkommensfest für ihn.'

Da wurde der ältere Sohn wütend und wollte nicht ins Haus gehen. Schließlich kam sein Vater zu ihm heraus. Der Sohn sagte zu ihm: ‚Die ganze Zeit habe ich hart für dich gearbeitet. Und du – du hast mir nichts dafür gegeben. Aber für diesen Nichtsnutz, der sein ganzes Geld auf den Kopf gehauen hat, für den gibst du ein großes Fest!'

Sein Vater antwortete: ‚Mein Sohn – dir gehört alles, was ich habe. Aber jetzt müssen wir doch feiern. Dein Bruder ist wieder da! Er war für uns verloren. Und jetzt haben wir ihn wieder gefunden! Das muss gefeiert werden. Freu dich doch mit!'"

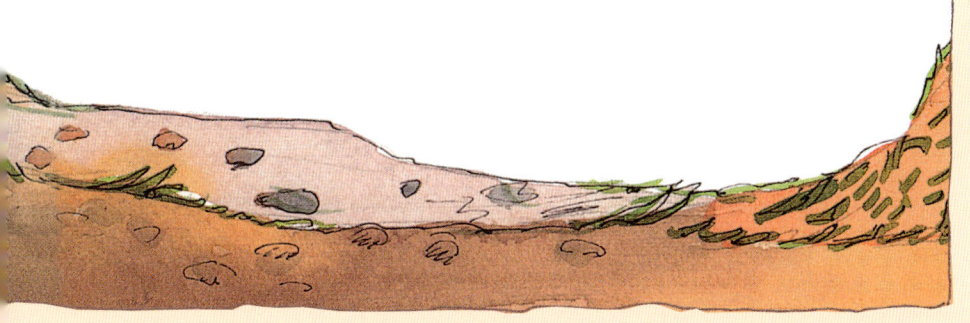

Jesus will den Menschen sagen: Gott ist wie der Vater in seiner Geschichte. Er lässt uns unsere eigenen Wege gehen. Und er freut sich, wenn wir wieder zu ihm zurückkommen. Jesus zeigt uns: Gott ist wirklich der ICH BIN DA. Er ist da für die Menschen, die ihm die Treue halten, wie der ältere Bruder. Und er ist da für die Menschen, die auf ihrem Lebensweg in eine Sackgasse geraten sind, wie der jüngere Bruder.

Jesus zeigt uns nicht nur in seinen Geschichten, dass Gott die Menschen liebt. Wie der Vater in seiner Geschichte nimmt auch Jesus selbst alle Menschen an. Wer auf Jesus schaut, kann erleben, wie Gott ist.

Jesus reitet nach Jerusalem

Im Frühling feiern die Israeliten das Pachafest. Sie erinnern sich daran, wie Gott sein Volk aus der Hand des ägyptischen Königs befreit hat. Jesus will das Fest in Jerusalem feiern – wie viele im Land. Weil die Stadt zu dieser Zeit so überfüllt ist, wohnen Jesus und seine Jünger bei Freunden in Betanien. Den Jüngern fällt auf, dass Jesus ist anders als sonst. Er spricht oft über seinen Tod. Sie ahnen, dass er in Jerusalem etwas Gefährliches vorhat. Was wird geschehen?

Komm, Bileam, friss!", ruft Tabita. Sie hält ihrem Esel ein Stück trockenes Brot hin. Das Mädchen liebt diesen jungen Esel über alles. Wenn er laut: „I-ah" schreit, hört sich das an, als würde er lachen. Auch Bileam mag seine kleine Freundin: Er hält immer ganz still, wenn ihn Tabita hinter seinen großen Ohren krault.

Tabitas mag die friedlichen und klugen Grautiere ganz besonders. Sie sind nicht so dumm und eingebildet wie die Pferde der Römer. Auch ihr Vater sagt: „Nur Angeber oder römische Generäle reiten hier auf Pferden – und König Herodes Antipas in Jerusalem!" Deshalb hält Tabitas Vater auch nicht viel von ihm. „Ein richtiger jüdischer König gehört auf einen Esel", davon ist er überzeugt. „Das steht schon in der Bibel. Sogar der Friedenskönig, den Gott uns schickt, wird eines Tages auf einem Esel nach Jerusalem reiten. Das kann jeder im Buch der Propheten lesen!"

Tabita holt Bileam gerade eine Schüssel mit Wasser, da sieht sie zwei Männer kommen. Sie sehen aus wie Pilger, die zum Pachafest nach Jerusalem wollen. Die beiden fragen: „Gehört dir der Esel?" Tabita nickt.

„Meinst du, du kannst ihn uns ausleihen?", bitten sie. „Wir bringen ihn dir heute Abend auch ganz bestimmt wieder zurück!"

Ausleihen? Ihren Bileam? Tabita weiß nicht recht: „Wozu braucht ihr denn meinen Esel?"
„Unser Meister, Jesus aus Nazaret, will das letzte Stück nach Jerusalem reiten", sagt einer
der Männer. „Bestimmt hast du schon von ihm gehört, nicht wahr?"
„Klar!", ruft Tabita begeistert. Ihr Onkel Simon ist ein Freund von Jesus und hat ihr viel
von ihm erzählt. Doch dann fällt ihr ein: „Auf Bileam ist bisher noch niemand geritten.
Papa hat es nicht erlaubt, weil er noch so jung ist." Tabita überlegt kurz, dann beschließt
sie: „Ich glaube, für Jesus können wir eine Ausnahme machen. Er soll Bileam eine Weile
haben – aber nur, wenn ich mitkommen darf!"
„Also gut!", meinen die beiden und lachen.
Tabita ist ganz aufgeregt. Nach ein paar Minuten zeigt ihr einer der Männer: „Da drüben
steht Jesus." Er ist umringt von vielen Leuten. Tabita führt ihren Esel zu ihm und sagt:
„Hallo, ich bin Tabita. Und das hier ist Bileam. Er ist mein allerbester Freund
und ganz lieb. Du darfst auf ihm reiten, weil du ein Freund von Onkel
Simon bist. Aber zur Sicherheit komme ich vielleicht besser mit!"
Jesus lacht: „Du bist die kleine Tabita? Freut mich, dass ich
auf deinem Esel reiten darf. Dann kann's ja losgehen!"
„Hast du eine Decke?", will Tabita wissen. „Dann habt ihr
es beide bequemer!" Da legt einer der Freunde von Jesus
seinen Mantel auf den Rücken des Tieres. Tabita nickt.
Jetzt kann Jesus aufsteigen.
Gemächlich geht Bileam los. Vorsichtig trägt er Jesus
den Ölberg hinunter. Vor ihnen liegt Jerusalem
in all seiner Pracht. Schon von Weitem
können sie die vergoldeten Zinnen des
Tempels sehen. Die Männer und
Frauen, die Jesus begleiten, lachen
und singen Psalmen:
„Hosianna! Hosianna!
Gepriesen sei Gott!
Und gelobt sei der König,
der da kommt in seinem Namen!"

Tabita denkt bei sich: Jesus sieht tatsächlich aus wie ein König! Ein freundlicher König, der Frieden bringt.
In Windeseile spricht es sich herum, dass Jesus nach Jerusalem kommt. Viele Leute wollen ihn sehen. „Jesus! Hurra, Jesus!", rufen einige. Sie schwenken ihre Mäntel zur Begrüßung und legen sie wie Teppiche auf die staubige Straße, die hinauf zum Stadttor führt. Zwei Jungs klettern auf eine Palme, brechen die großen Blätter ab. Tabita fängt ein Palmblatt auf und fächert Jesus damit eifrig zu. Im Nu schillert die Straße grün mit vielen bunten Flecken. Die Leute rufen ausgelassen: „Hurra, Jesus! Heil dem König, der von Gott kommt!"
Hinter dem Stadttor steigt Jesus ab, krault Bileam die Mähne und sagt: „Vielen Dank, kleiner Esel, du hast mich brav getragen."
Und zu Tabita sagt er: „Vielen Dank auch dir, Tabita, dass du mir deinen grauen Freund ausgeliehen hast. Bestimmt sehen wir uns noch. Übermorgen bin ich bei deinem Onkel Simon zum Essen eingeladen!"
Dann geht Jesus mit seinen Freunden die Anhöhe zum Tempel hinauf. Zum Abschied winkt er Tabita noch einmal zu.
Fröhlich winkt sie mit ihrem Palmblatt zurück.
„Jesus soll mein König sein!", flüstert sie Bileam ins Ohr. Dann machen sich die beiden auf den Heimweg nach Betanien.

In den nächsten Tagen wohnen Jesus und seinen Jünger im Dorf Betanien. Tagsüber gehen sie nach Jerusalem in den Tempel. Dort ist Jesus besonders gern, denn im Tempel fühlt er sich seinem himmlischen Vater ganz nah. Aber nicht alle Leute finden es gut, was Jesus dort sagt und tut. Besonders die Obersten Priester und Gesetzeslehrer regen sich darüber auf, dass sich Jesus im Tempel zu Hause fühlt.

Jesus im Tempel

Zum Paschafest in Jerusalem gehört es, im Tempel ein Lamm zu opfern. Das kostet die Pilger viel Geld. Doch nicht nur die Opfertiere sind teuer. Alle müssen auch Tempelsteuer bezahlen. Doch das geht nur mit besonderen alten und seltenen Münzen. Dafür gibt es im Vorhof des Tempels Wechselstuben, wo man römisches Geld in Tempelmünzen umtauschen kann. Für die Geldwechsler und die Tempelpriester ist das ein prima Geschäft, das sie reich macht.

Viel hat sich Zeruja heute vorgenommen. Sie will hinauf zum Tempel gehen und beten. Dafür wird sie den ganzen Vormittag brauchen. Ihre alten Beine wollen schon lange nicht mehr so schnell wie früher, als ihr Mann noch gelebt hat. Damals war es ihr Feiertagsvergnügen, zum Tempel zu schlendern und von dort oben die Aussicht auf den Ölberg zu genießen. Auf dem Heimweg hatten sie dann jedes Mal eine Handvoll süßer Feigen gekauft.

Zeruja seufzt. Naschwerk kann sie sich als Witwe nicht mehr leisten. Ihr Geld reicht manchmal kaum zum Leben. Sie schaut in ihren Geldbeutel: Für die paar Münzen wird sie beim Wechsler im Tempel nicht viel bekommen. Das Geld der Römer gehört nicht in den Opferkasten, deshalb muss es Zeruja in die alten Münzen umtauschen, die vorher in Jerusalem gültig waren. Diese Münzen sind selten und ziemlich teuer. Aber in den Tempel zu gehen, ohne etwas für die Armen zu geben – das kommt für Zeruja nicht in Frage.

Sie bindet sich ihr Kopftuch um und nimmt ihre Tasche. So viele Menschen sind jetzt in Jerusalem! Auch im Tempelvorhof herrscht ein riesiges Gedränge. Die Geldwechsler haben viel zu tun. Zeruja muss sich lange anstellen. Schließlich bekommt sie nur zwei kleine Kupferlinge für ihr Geld. Bekümmert schaut die alte Frau auf diese beiden Münzen. „Eine Schande, was einem diese Wechselgauner hier abnehmen!", schimpft die Frau neben ihr. „Wir müssen das Geld dreimal umdrehen – aber diese Schurken verdienen sich im Handumdrehen eine goldene Nase. Denen müsste einer mal gründlich die Meinung sagen."

Zeruja nickt. Auch sie findet das Treiben viel zu geschäftig. Ringsum an den Ständen bieten Händler ihre Waren an: Öl, Wein, Mehl und Tauben für das Opfer verkaufen sie. Lautstark feilschen sie um den Preis.

Auf einmal kracht ein Tisch mit einem heftigen Knall zu Boden. Zeruja erschrickt. Münzen rollen nach allen Seiten. Noch mehr Tische fallen. Käfigtüren springen auf und Tauben flattern aufgeregt heraus. Zeruja sieht, wie ein Mann zwei Händler am Kragen packt und sie durch das Tor nach draußen schiebt. „Hinaus mit euch!", ruft er erbost. „Hier habt ihr nichts verloren! Der Tempel gehört Gott allein. Er sagt: ‚Mein Haus soll ein Bethaus sein!' Aber ihr macht eine Räuberhöhle daraus. Raus mit euch!"

„Wer ist das denn? Gehört der zur Tempelpolizei?", fragt Zeruja die Frau neben sich.
„Nein, nein, das ist Jesus", antwortet sie, „der Prophet aus Nazaret. Der traut sich ja was!
Das lassen sich die Tempelpriester bestimmt nicht lange gefallen. Wenn sie Jesus dafür
mal bloß nicht verhaften!"
Und da kommen sie auch schon, die vornehmen Tempelpriester, die reichen Ratsherren
und ernst dreinschauenden Schriftgelehrten und fragen Jesus empört: „Wer hat dir das
erlaubt? Wer gibt dir das Recht, so etwas zu tun?"

Zeruja kann nicht verstehen, was Jesus antwortet. Aber sie sieht, dass die feinen Männer Jesus doch nicht verhaften lassen. Aber ihre Mienen sind voller Hass. Die werden diesen Jesus bestimmt nicht lange in Ruhe lassen, denkt sich die alte Frau.

Sie geht hinüber in die Halle, wo die Frauen ihre Gebete sprechen. „Steh diesem jungen Mann bei, guter Gott", betet sie. „Er ist so mutig – und die anderen sind so mächtig." Sie geht in den Gang hinaus und sieht: Da steht Jesus! Er spricht mit seinen Freunden und schaut den Leuten zu, die Geld in den Opferkasten werfen. Ein reicher Mann zieht eine Silbermünze heraus, poliert sie umständlich an seinem Ärmel glatt und wirft sie in den Kasten.

Da kommt sich Zeruja mit ihren beiden kleinen Kupferlingen richtig armselig vor. Nur diese beiden kleinen Münzen kann sie hineinwerfen – und muss dafür die ganze Woche darauf verzichten, neues Mehl zu kaufen. Mit einem kleinen Seufzer lässt sie ihre Spende in den Kasten fallen.

Da hört Zeruja, wie Jesus zu seinen Freuden sagt: „Diese arme Witwe hat mehr in den Opferkasten gelegt als alle andern hier. Denn die haben nur von dem abgegeben, was sie sowieso übrig haben. Aber diese Frau hat alles hergegeben, was sie selber zum Leben gebraucht hätte."

Zeruja wird rot. Die Worte von Jesus haben sie verlegen gemacht – aber auch ein bisschen stolz. „Gott segne dich, Jesus", denkt sie und macht sich auf den Heimweg.

Jesus hat sich nicht nur bei den Tempelhändlern unbeliebt gemacht. Auch die Tempelpriester und die Ratsherren von Jerusalem sind sich einig: So kann das mit diesem Propheten aus Nazaret nicht weitergehen. Die mächtigen Männer von Jerusalem glauben, dass Jesus das Volk zu einem Aufstand gegen die Römer überreden will. Deshalb beschließen sie: Jesus muss sterben – damit wieder Ruhe herrscht im Land!

Ein besonderes Geschenk für Jesus

Jesus hat viele Freunde in Betanien, die sich freuen, wenn er wieder bei ihnen ist. Einer davon ist Simon. Im Dorf wird er auch der Aussätzige genannt. Seit Jesus ihn von einer schweren Krankheit geheilt hat, gehört Simon zu seinen Freunden. Deshalb lässt es sich Simon nicht nehmen, zu Ehren von Jesus ein Festessen zu geben. Viele wichtige Leute kommen an diesem Abend – und auch eine Frau, die niemand eingeladen hat.

Susanna! Einen Krug von unserem besten Wein für meinen Freund Ehud, aber schnell!" Der Wirt vom Gasthaus klatscht Susanna auf den Po und lacht. Das macht er oft – und jedes Mal möchte Susanna am liebsten davonlaufen. Doch die Arbeit hier im Gasthaus „Zum Eberkopf" ist die Einzige, die sie bekommen kann. Sie hat keine Eltern mehr, keinen Onkel, keinen Bruder, der sie beschützt. „Und das weiß dieses Scheusal von einem Wirt natürlich ganz genau", denkt sie, als sie den Krug mit Rotwein füllt. Langsam geht sie zurück und stellt ihn mit ausgestrecktem Arm auf die Theke. „Herzlichen Dank, schönes Kind", sagt Ehud und kneift sie in die Wange. Schnell dreht sich Susanna weg. Die beiden Männer lachen.

„Erzähle! Was gibt es Neues in Jerusalem?", fragt der Wirt. „Als Diener beim Obersten Priester weißt du das doch am besten! Was ist denn aus diesem Übergeschnappten geworden, der die Tempelhändler aus dem Vorhof geworfen hat? Wie heißt er noch gleich?"

„Jesus!", rutscht es Susanna heraus. Von diesem Propheten aus Nazaret hat Susanna schon so viel gehört! Er steht auf der Seite der armen Leute, denen keiner sonst hilft. Susanna will unbedingt hören, was Ehud von Jesus weiß.

„Ja genau, Jesus heißt er, meine Schöne!", sagt Ehud und nimmt einen großen Schluck aus dem Weinbecher. „Der ist das Stadtgespräch! Alle reden davon, dass er der Friedenskönig sein soll, den Gott versprochen hat! Aber nicht mehr lange, das kann ich euch sagen. Für den hat bald das letzte Stündlein geschlagen!"

Susanna erschrickt. Was haben die Mächtigen vor?

„Ihr redet über Jesus?", fragt ein Gast zwei Tische weiter. „Der Jesus, der hier vor ein paar Tagen mit seinen Jüngern angekommen ist? Morgen gibt der alte Simon ein Fest für ihn und seine Freunde."

„Kann sein, dass es seine Henkersmahlzeit wird", meint Ehud wichtigtuerisch. „Sobald sich eine gute Gelegenheit ergibt, soll Jesus verhaftet werden – und dann ab mit ihm zu den Römern! Die mögen keinen, der sich für einen König hält,   das könnt ihr mir glauben! Mit so einem wie Jesus machen sie kurzen Prozess!"   Ehud fährt sich mit zwei Fingern über die Kehle und lacht.

„So schnell kann das Leben vorbei sein, meine
Schöne, merk dir das! Deshalb sei ein bisschen nett zu
mir heute Abend, hörst du!", sagt er. Am liebsten würde Susanna weglaufen, doch Ehud zieht sie auf seinen Schoß. Ihr laufen Tränen
über die Wangen, aus Wut über Ehud und weil sie wegen Jesus so traurig ist.

In der Nacht findet Susanna keinen Schlaf. Sie kann nicht vergessen, was er über Jesus gesagt hat. „Ich muss ihn warnen", denkt Susanna. „Jesus muss sich verstecken. Dann
wird er nicht verhaftet – und die Römer können ihm nichts tun."
Am nächsten Morgen hat Susanna einen Plan gefasst. Sie holt ihren wertvollsten Besitz
aus ihrer Truhe: eine Alabasterdose mit kostbarem Nardenöl aus dem fernen Indien! Die
hat ihr einmal ein Karawanenhändler geschenkt, als er betrunken war.

Duftöl aus Narde können sich nur sehr reiche Leute leisten. Damit werden Könige gesalbt, wenn sie auf den Thron steigen
und wenn sie beerdigt werden. Damit will Susanna Jesus
salben, wenn er auf Simons Fest ist. Dann kann sie Jesus
vor dem Plan der Priester warnen.

Den ganzen Tag braucht Susanna, bis sie den Wirt
überredet hat, dass sie heute Abend frei nehmen darf.
Endlich lässt er sie gehen, als die Gaststube leer bleibt.
„Heute sind wohl alle bei Simons Fest!", knurrt er
mürrisch. „Wenn eh keiner kommt, kannst du von mir
aus auch gehen."

Susanna holt die Alabasterdose und macht sich auf
den Weg. Sie ist so aufgeregt, dass sie zu weinen
anfängt. Immer wieder muss sie daran denken, wie
Ehuds Finger über seine Kehle gleiten.

Schließlich kommt sie zu Simons Haus. Es ist hell
erleuchtet. Fröhliches Lachen dringt aus den Fenstern.
Immer wieder kommen neue Gäste und werden

freundlich begrüßt. „So eine wie mich werden sie bestimmt nicht in ihrem Haus haben wollen", denkt Susanna traurig. Sie hört auch schon, wie zwei Männer tuscheln: „Was hat die denn hier zu suchen?" Und eine Frau ruft: „Tabita! Josua! Kommt zu mir!"

Susanna kann die Tränen nicht zurückhalten. Sie klammert sich an die Alabasterdose und geht auf Jesus zu. Zusammen mit seinen Freunden sitzt er in Simons guter Stube beim Essen. Susanna bringt aber kein Wort heraus. Zitternd holt sie das Fläschchen mit dem Nardenöl aus der Dose und tropft Jesus das Öl auf sein Haar. Im Nu verbreitet sich der wunderbare Nardenduft. Da sieht Jesus zu ihr auf – und lächelt. Susanna nimmt ihren ganzen Mut zusammen. „Meister", beginnt sie „ich muss ..." Doch da fallen ihr die Freunde von Jesus ins Wort. „Was für eine Verschwendung!", rufen sie empört. „Dieses Öl ist bestimmt ein paar hundert Denare wert! Man hätte es verkaufen und das Geld den Armen geben können!"
Susanna ist verwirrt. Warum lassen sie die Männer nicht ausreden? Sie muss Jesus doch vor der Tempelpolizei warnen!
Aber Jesus ist nicht mit seinen Freunden einverstanden: „Lasst sie in Ruhe! Warum sagt ihr so etwas zu ihr? Sie hat mir etwas Gutes getan. Arme wird es immer bei euch geben. Ihr könnt ihnen helfen, sooft ihr es wollt. Aber mich – mich habt ihr nicht mehr lange bei euch." Da wird es plötzlich still. Niemand wagt etwas zu sagen.

Jesus fasst Susanna bei den Händen und sieht ihr in die Augen. Da begreift sie: Jesus weiß es! Sie braucht ihm nichts von den Plänen gegen ihn zu verraten. Er weiß, dass sie ihn verhaften und töten wollen. Aber er will sich nicht verstecken, das liest sie in seinen Augen. Susanna begreift mit einem Mal: Jesus ist in Gottes Hand – was immer auch geschieht.
Sanft spürt sie die Hand von Jesus auf ihrem Haar. „Gott segne dich", sagt er. „Du hast mir alles gegeben, was du hattest. Es tut wohl zu wissen, wie wichtig ich dir bin. Du hast mich schon jetzt für mein Begräbnis gesalbt. Mehr kannst du für mich nicht tun und ich danke dir dafür. Die Menschen werden sich noch lange daran erinnern, was du für mich getan hast."

Die Frau aus Betanien hat Jesus mit kostbarem Öl gesalbt – wie einen König in alten Zeiten. Das ist auch ein Zeichen für seine Freunde, dass Jesus der Friedenskönig ist, den Gott schickt. Deshalb nennen sie ihn später auch: „Jesus, der Christus" – das bedeutet: Jesus, der Gesalbte – der König, den Gott uns schickt.

Jesus will das Paschafest in Jerusalem feiern. Deshalb schickt er zwei seiner Jünger in die Stadt. Sie sollen sich um einen Raum kümmern, in dem die Zwölf und ihr Meister am Abend gemeinsam essen können. Während des Paschamahles erinnern sich die Menschen in Israel daran, dass Gott sein Volk aus der Hand des ägyptischen Königs befreit hat. Weißt du noch, was damals geschah, als Gott Mose nach Ägypten geschickt hat? In der Nacht vor dem Aufbruch aßen die Israeliten gebratenes Lamm und flaches, ungesäuertes Brot. Und das tun fromme Juden an Pascha bis heute.

Der große Saal ist noch kahl und leer. Petrus und Johannes sehen sich prüfend um. Alles steht bereit für das Paschamahl: Da ist das flache Brot, ohne Sauerteig gebacken, wie es Vorschrift ist. Es liegt vor dem Platz, an dem Jesus sitzen soll. Daneben der Krug mit schwerem, rotem Wein. Dahinter steht eine kleine Schüssel mit Fruchtmus, braun gefärbt mit Zimt. Es soll an den Lehm erinnern, aus dem die Israeliten Ziegel formen mussten, als sie Sklaven in Ägypten waren.

Die bitteren Kräuter auf dem Tisch stehen für diese bittere Zeit. Viele Tränen wurden damals vergossen, deshalb gehört auch eine kleine Schale Salzwasser dazu.

Petrus sagt: „Jetzt fehlt nur noch das Paschalamm." Johannes meint: „Darum kümmert sich Jakobus. Er bringt es zum Braten her. Dann ist es bis heute Abend fertig."

Die beiden sind zufrieden. Jetzt können Jesus und die anderen kommen und Pascha feiern – in Jerusalem, wie es Brauch ist.

Als die Sonne untergeht, sind alle beisammen. Petrus sitzt links neben Jesus, wie immer. Rechts von Jesus hat sich Johannes gesetzt – auch wie immer. Jesus spricht den Segen, das Mahl beginnt mit Fruchtmus und Kräutern. Alles ist, wie es sein soll. Doch dann sagt Jesus auf einmal: „Einer von euch wird mich verraten."

Petrus fällt vor Schreck fast der Löffel aus der Hand. Einer von ihnen soll ein Verräter sein? Johannes ist kreidebleich geworden und fragt leise: „Sag uns, wer ist es? Bin ich es etwa?" Dem Jüngsten der Jünger stehen Tränen in den Augen. Thaddäus legt ihm die Hand auf die Schulter, um Johannes zu trösten. Die anderen sehen sich erschrocken an. „Bin ich es vielleicht?" „Bin ich es?", rufen sie jetzt alle durcheinander. „Einer von euch wird es tun", sagt Jesus leise. Dann nimmt er ein Stückchen Brot und tunkt es zusammen mit Judas in die Schüssel mit dem Mus. Jesus sieht Judas traurig an – und der zieht seine Hand zurück, als ob ihn etwas gebissen hätte.

Da wird das Hauptmahl gebracht. Jetzt bekommt jeder ein Stück von dem Festbraten. Als sie alle etwas haben, nimmt Jesus das Brot und spricht das Dankgebet. Dann bricht er es in Stücke und gibt sie seinen Jüngern. Er sagt: „Nehmt und esst! Dieses Brot – das bin ich. Ich gebe mich hin für euch alle."

Was soll denn das bedeuten?, fragt sich Petrus verwirrt. Das hört sich ja an, als ob Jesus bald sterben wird! Doch Petrus traut sich nicht, seinen Lehrer zu fragen. Dieses Pascha-mahl ist so seltsam. Sonst geht es dabei immer lustig zu. Doch diesmal ist es ganz anders. Wie bei einem Leichenschmaus, denkt Petrus – und ihn fröstelt bei dem Gedanken.

Zum Abschluss nimmt Jesus den Kelch mit Wein und sagt: „Trinkt alle daraus! Dieser Wein – das ist mein Leben. Ich verschenke es für euch alle." Dann reicht er ihnen den Kelch. Einer nach dem anderen nimmt einen Schluck Wein. Keiner sagt ein Wort. Als der Kelch

wieder zu Jesus zurückkommt, singen sie zusammen das Danklied. Seltsam dünn hört sich ihr Gesang an. Petrus hört genauer hin und merkt: Die tiefe Stimme von Judas fehlt! Er ist nicht mehr da! Vielleicht ist Judas schon vorausgegangen, überlegt Petrus. Oder er hat ... Doch daran will Petrus nicht denken!

Jesus und seine Jünger brechen auf. Sie wollen noch zum Lieblingsplatz von Jesus gehen, den Garten Getsemani. Der liegt unten im Tal, am Fuß des Ölbergs.

Unterwegs sagt Jesus: „Gleich geschieht etwas, das ihr nicht versteht. Ihr werdet mich alle im Stich lassen – wie Schafe werdet ihr davonlaufen, die keinen Hirten mehr haben. Aber ich komme zurück aus dem Reich des Todes und bringe euch wieder zusammen!"

Was soll das jetzt schon wieder heißen? Petrus widerspricht heftig: „Und wenn dich alle andern verlassen – aber ich nicht! Ich bleibe bei dir!"

Doch Jesus schüttelt den Kopf: „Auch du wirst mich verlassen, Simon."

„Niemals", beharrt Petrus. „Und wenn ich mit dir sterben muss – immer werde ich zu dir halten!"

„Genau!", sagen die anderen. „Wir bleiben bei dir – egal, was kommt!"

Jetzt sind sie unten im Tal angekommen. Die Grillen zirpen und ein leichter Wind lässt die Blätter rauschen. Jesus geht hinein in den Garten. Er sagt zu den Jüngern: „Ich will hier im Garten beten. Bitte, setzt euch hier unter den Ölbaum und wartet auf mich. Nur Petrus, Jakobus und Johannes sollen mit mir kommen."

Die drei gehen weiter. Petrus gähnt ein ums andere Mal. Er ist auf einmal so müde vom Wein und weil es schon spät ist.

Jesus bleibt stehen. Mit zitternder Stimme sagt er: „Das ist schwer, so schwer! Ob meine Kraft dafür reicht? Ich will beten – allein. Bleibt hier und wacht mit mir!"

Hat Jesus etwa Angst? Was wird bloß geschehen? „Vater im Himmel, hilf ihm", betet Petrus und nimmt sich fest vor, für Jesus wach zu bleiben. Aber er ist so müde! Die Augen fallen ihm zu. Nur ein bisschen dösen, denkt er – und da ist er auch schon eingeschlafen.

Petrus träumt, dass sie mit einem Boot auf dem See Gennesaret fahren. Da hinten geht Jesus – auf dem Wasser! Petrus will zu ihm. Er steigt aus dem Boot und macht einen Schritt auf dem Wasser – doch dann versinkt er in den Wellen. Da packt ihn eine Hand an der Schulter ...

„Du schläfst, Simon? Kannst du nicht eine Stunde wach bleiben und für mich beten? Steht auf, ihr drei! Jetzt ist es so weit. Da kommt er!"

Petrus reibt sich die Augen. Er sieht Männer mit Schwertern und Knüppeln kommen. Das sind Soldaten der Tempelwache! Die wollen Jesus verhaften! Petrus springt auf. Und da ist Judas! Er geht auf Jesus zu und gibt ihm einen Begrüßungskuss auf die Wange. Judas hat den Soldaten mit dem Kuss ein Zeichen gegeben, denkt Petrus. Jetzt wissen sie genau, wen sie verhaften müssen. „Du elender Schuft!", schreit Petrus. Auch die anderen Jünger sind aufgebracht. Sie wollen auf die Soldaten losgehen. Schwerter blitzen auf – und plötzlich: ein Schrei! Einer der Männer der Tempelwache hält sich das blutende Ohr. „Hört auf", befiehlt Jesus. Warum wehrt er sich nicht?, denkt Petrus verzweifelt. Wenn sie Jesus mitnehmen, ist er verloren! Da hört er seinen Meister sagen: „Bin ich etwa ein Räuber, dass ihr mit Knüppeln und Schwertern kommt? Jeden Tag war ich bei euch im Tempel – warum habt ihr mich nicht dort verhaftet? Aber es ist so gekommen, wie es kommen musste."

Entsetzt sieht Petrus, wie sich Jesus fesseln und abführen lässt. Jetzt sind wir dran, schießt es ihm durch den Kopf – und da rennt er davon. Er hört Johannes und Jakobus und die

anderen neben sich keuchen. Als
er nicht mehr laufen kann, lässt
sich Petrus auf den Boden fallen.
Heiße Tränen steigen in ihm auf.
Jesus hat Recht gehabt!, denkt er
verzweifelt. Alle haben wir ihn
im Stich gelassen! Alle – auch er
– Simon Petrus, sein bester Freund.
Laut schluchzt er auf und weint
wie ein kleines Kind.

Die Soldaten bringen Je-
sus zum Obersten Pries-
ter und den Männern des Hohen Rates, der in Jerusalem das
Sagen hat. Sie beschließen: Jesus
muss sterben, weil er behauptet, dass er der Friedenskönig
ist, den Gott versprochen hat!
Sie bringen ihn zum Statthalter
des römischen Kaisers, zu Pontius Pilatus. Der verurteilt ihn
zur schlimmsten Strafe, die es
im Römischen Reich gibt: dem
Tod am Kreuz.

197

Jesus stirbt

Nicht nur Männer, sondern auch Frauen haben Jesus auf seinem Weg begleitet und sind mit ihm nach Jerusalem gekommen. Zu ihnen gehören Salome und Maria, die Mutter des Jüngers Jakobus. Die treuste und beste Freundin von Jesus ist Maria aus Magdala, einem Ort am See Gennesaret. Damit man sie nicht mit der Mutter von Jakobus verwechselt, nennt man sie auch Maria Magdalena. Bevor sie Jesus kennengelernt hat, war Maria Magdalena so traurig, dass sie krank geworden ist. Doch Jesus hat sie geheilt. Seither zieht Maria Magdalena mit ihm durch das Land.

Was redet ihr da? Jesus ist verhaftet worden?" Maria Magdalena kann gar nicht glauben, was Salome und Maria erzählen. Schon seit vielen Monaten sind die drei zusammen mit Jesus. Sie haben sich so auf das Paschafest in Jerusalem gefreut. Und jetzt findet das fröhliche Fest so ein schreckliches Ende!

„Heute Nacht haben sie ihn festgenommen, im Garten Getsemani. Es waren Soldaten von der Tempelwache", erzählt Maria, die Mutter von Jakobus.

„Von Petrus weiß ich, dass sie Jesus ins Haus des Obersten Priesters gebracht haben. Die Tempelpriester und die Ratsherren haben ihn die ganze Nacht verhört", berichtet Salome. „Im Morgengrauen haben sie Jesus zum römischen Statthalter bringen lassen, zu Pontius Pilatus. Sie wollen, dass der Jesus zum Tod verurteilt!"

„Nein!", ruft Maria Magdalena verzweifelt. „Das können sie doch nicht machen! Er hat so viel Gutes getan! Ich muss zu ihm! Wisst ihr, wo Jesus jetzt ist?"

„Im Palast von Pilatus, denke ich", sagt Salome.

„Da willst du doch nicht etwa hin?", fragt die Mutter von Jakobus erschrocken. „Das ist für eine Frau ganz allein viel zu gefährlich. Selbst die Jünger trauen sich ja nicht mehr aus dem Haus."

„Das ist mir gleich", erwidert Maria Magdalena. „Ich lasse ihn nicht allein, ich nicht!" Sie bindet sich ihr Tuch um. Als sie zur Tür hinausgeht, hört sie Salome und Maria hinter sich rufen: „Warte doch! Wir gehen mit!"

Nur mühsam kommen die drei in den engen Gassen voran. Sie sind voller Menschen. Auf einmal hören sie Geschrei und Gelächter. „Was ist denn da los?", fragt Salome. „Das kommt vom Palast des Pilatus", sagt ein Mann neben ihr. „Seine Soldaten führen bestimmt wieder so ein paar arme Seelen zur Kreuzigung ab – hinaus zum Hügel Golgota." „Kannst du uns sagen, wie wir dahin kommen?", fragt Maria.

„Da solltet ihr nicht hingehen, das ist zu schrecklich!", antwortet der Fremde entsetzt. Da sieht er die verzweifelten Mienen der Frauen: „Ihr gehört zu einem, der ans Kreuz geschlagen wird, stimmt's? Dann seid bloß vorsichtig, dass die römischen Soldaten das nicht merken. Sonst verhaften sie euch womöglich auch noch!" Und er erklärt ihnen, wie sie gehen müssen.

Die drei drücken und schieben sich durch das Gedränge bis zur Stadtmauer. Auf einmal hören sie Peitschen knallen. Ein römischer Soldat ruft: „Macht Platz für den König der Juden!" Seine Kameraden lachen und tun so, als würden sie sich verbeugen.

Und dann sehen sie ihn: Jesus! Schrecklich zerschlagen sieht er aus. Sie haben ihm seine Kleider weggenommen und auf seine Schulter einen schweren Holzbalken gepackt. Jesus ist so schwach, dass er zu Boden fällt und nicht mehr aufstehen kann.

„Du da!", ruft einer der Soldaten und zeigt auf einen Mann am Straßenrand. „Komm her und hilf diesem traurigen König tragen!" Der Mann nimmt Jesus den schweren Balken ab. Die Soldaten reißen Jesus hoch und zwingen ihn weiter.

Tränenblind stolpert Maria Magdalena mit ihren Freundinnen weiter. Nur mühsam kommen sie voran. Als die drei durch das Stadttor gehen, hören sie, wie Jesus und zwei andere Männer ans Kreuz geschlagen werden. Sie halten sich die Ohren zu, damit sie die schrecklichen Schmerzensschreie nicht hören müssen. Maria Magdalena sieht zwei Soldaten, die sich den schönen Mantel von Jesus genommen haben. „Der ist zu schade zum Zerschneiden!", ruft der eine. „Dann lass uns um ihn würfeln", sagt der andere und grinst.

Ein gutes Stück vom Hügel Golgota entfernt bleiben Maria Magdalena und ihre Freundinnen stehen. Dort sind auch noch einige andere, die sehen wollen, was mit Jesus geschieht. Salome zeigt auf ein kleines Schild, das die Soldaten über dem Kopf von Jesus genagelt haben. Sie fragt einen Mann neben sich: „Was haben die Römer geschrieben? Ich kann ihre Schrift nicht lesen!"

„Da steht: Jesus von Nazaret – König der Juden", liest der Mann vor. „Deswegen haben sie ihn verurteilt – weil sie denken, Jesus will gegen den Kaiser in Rom kämpfen!"

„Aber Jesus ist doch kein König, wie die Römer welche haben!", sagt Maria Magdalena. „Er hat nie mit dem Schwert gekämpft. ‚Liebt eure Feinde!', das hat er immer gesagt."

„Schöne Worte sind das! Aber sie haben ihm nichts genützt", sagt der Mann traurig. „Hört nur, wie sie ihn jetzt verspotten!"

„Anderen hast du geholfen, aber selber kannst du dir nicht helfen!", rufen einige. „Wenn du wirklich der König bist, der von Gott kommt, dann steig doch herunter vom Kreuz!"

Plötzlich wird es ganz finster – obwohl es erst um die Mittagszeit herum ist. Dunkle Wolken haben sich vor die Sonne geschoben. Stunde um Stunde stehen die Freundinnen da und starren auf Jesus am Kreuz. „Guter Gott, erlöse ihn von seiner Qual", bittet Maria Magdalena immer wieder.

Auf einmal hört sie, wie Jesus etwas ruft. Seine Stimme ist nur schwer zu verstehen: „Mein Gott, mein Gott, warum …"

„… hast du mich verlassen?", fährt Maria Magdalena fort. „Er betet! Die Worte kenne ich nur zu gut. Ich habe sie jeden Tag gesprochen, bevor ich Jesus getroffen habe." Auf einmal schreit Jesus laut auf.

„Was ist mit ihm?" Maria Magdalena kann nicht mehr stillstehen. „Ich muss es wissen!" Sie lässt sich von ihren Freundinnen nicht aufhalten und läuft los. Vor dem Kreuz bleibt Maria Magdalena stehen. Sie sieht, dass der Kopf von Jesus auf seine Brust gefallen ist.

„Der ist tot, Hauptmann!", sagt einer der Soldaten.

Der Hauptmann blickt zu Jesus hoch und schweigt eine Weile. Dann sagt er: „Glaubt mir: Dieser Mensch war wirklich Gottes Sohn!"

Maria Magdalena staunt über diese Worte, die sie ein wenig trösten.

„Ja, du hast Recht", sagt sie. „Jesus war Gottes Sohn – und er wird es immer sein."

Die drei Frauen bleiben noch eine ganze Weile beim toten Jesus. Sie sehen, wie Männer kommen, ihn vom Kreuz nehmen und zu einem vornehmen Grab am Rand der Stadt bringen. Maria Magdalena und die beiden anderen merken sich die Stelle gut und gehen dann zurück zu den Jüngern.

Das Grab ist leer!

Eigentlich dürfen Gekreuzigte nicht beerdigt werden. Doch Pontius Pilatus macht eine Ausnahme, als ihn der angesehene Ratsherr Josef von Arimathäa darum bittet. Josef hat im Rat nicht verhindern können, dass Jesus an die Römer ausgeliefert wird. Jetzt will er ihm wenigstens ein ehrenvolles Begräbnis geben. Er lässt Jesus in sein eigenes Familiengrab bringen – ein Rollgrab, wie es zu dieser Zeit üblich war. Alles muss ganz schnell gehen, denn Jesus ist an einem Freitag gestorben – am Tag vor dem Sabbat. An diesem Ruhetag darf nach jüdischem Brauch keine Beerdigung stattfinden. Am Abend wird der tote Jesus in die Grabkammer gelegt. Dann verschließen sie die Diener von Josef mit einem großen Rollstein. Maria Magdalena und die anderen Frauen sind mit dabei und schauen zu.

Noch ist es dunkel in Jerusalem, der neue Tag läßt sich noch nicht sehen. Die meisten schlafen noch, bis die ersten Sonnenstrahlen sie wecken. Nur Maria Magdalena ist schon wach. Sie hat die ganze Nacht kein Auge zugetan. Seit Jesus tot ist, kann sie nicht mehr einschlafen. Wenn sie die Augen zumacht, sieht sie die Männer, die den toten Jesus vom Kreuz nehmen. Sie wickeln ihn in ein großes Leinentuch. Dann tragen sie ihn zu einem vornehmen Grab in einem schönen Garten. Sie legen den toten Jesus auf eine Bank. Dann verschließen die Männer das Grab: Sie rollen einen großen, schweren Stein vor den Eingang.

Maria Magdalena steht auf und zieht sich an. Sie hält es nicht mehr aus im Haus mit den Jüngern. Sie halten sich alle hier versteckt, weil sie immer noch Angst haben, römische Soldaten könnten kommen und sie verhaften. Die Jünger haben Jesus alleingelassen.

Aber Maria Magdalena will zu ihm gehen. Sie will Jesus nahe sein – auch wenn er tot ist.
Als sie die Tür öffnet, quietscht sie – das hört ihre Freundin Salome. Auch die Mutter von
Jakobus ist wach geworden. „Warte auf uns, Maria!", rufen die beiden. „Wir kommen mit!"
Maria nickt nur, ihr ist an diesem Morgen nicht nach Reden zumute. Bestimmt haben
die beiden anderen gehört, dass sie die ganze Nacht geweint hat.
Gemeinsam gehen die drei zum Garten mit dem Grab von Jesus. Auf einmal ruft Salome:
„Seht nur! Der Stein – er ist weggerollt! Das Grab ist offen! Wie kommt das nur?"
Verwundert blicken sich die drei Frauen an. Maria Magdalena
zögert einen Augenblick, dann wirft sie einen Blick nach
drinnen und geht hinein. Die beiden anderen folgen ihr.
Da sehen sie: Das Grab ist leer! Dort auf die Steinbank
haben sie den toten Jesus hingelegt! Doch jetzt liegt dort
nur noch das Leinentuch, in das er gewickelt war.
Jesus ist fort!
Die Frauen sind verwirrt. Maria Magdalena fragt
ratlos: „Was ist mit Jesus geschehen?" „Lass uns zurück zu den Jüngern gehen", schlägt Salome
vor. „Vielleicht haben sie ja eine Idee,
was passiert sein könnte."
Als sie zurückkommen, sind
Simon Petrus und Johan-
nes schon wach. Maria
Magdalena erzählt den
beiden: „Das Grab
ist leer!

Jesus liegt nicht mehr dort. Irgendwer muss ihn weggebracht haben – wir wissen aber nicht, wohin."

„Jesus ist nicht mehr da?", fragt Johannes „Wie kann das sein?"

Petrus sagt zu Maria Magdalena: „Sag uns, wie man zu diesem Garten kommt, in dem das Grab liegt! Ich will selber sehen, was da los ist!"

Maria beschreibt den beiden den Weg. Sie hat noch nicht ausgesprochen, da rennen die beiden los. Die beiden warten nicht auf Maria Magdalena, die ihnen hinterherläuft.

Johannes ist der Jüngste von den dreien und kann am schnellsten laufen. Er kommt als Erster zum Grab. Aber er traut sich nicht, hineinzugehen. Als Petrus am Grab ankommt, keucht er vor Anstrengung und muss erst einmal Luft holen.

Dann geht er hinein. „Maria hat recht", ruft er. „Da liegt nur noch ein großes Leinentuch."

„Das verstehe ich nicht", sagt Johannes. „Wenn sie ihn weg-
gebracht haben, warum ist dann das Leinentuch noch da?"
Auch Petrus hat keine Erklärung dafür. Schließlich sagt er:
„Komm, lass uns gehen, bevor uns die Soldaten von
Pilatus finden." Johannes nickt. Doch Maria schüttelt
den Kopf: „Geht ohne mich, ihr beiden! Im Haus halte
ich es nicht aus, zusammen mit den anderen. Ich will
noch eine Weile hierbleiben – allein."
Also machen sich die beiden Jünger ohne
Maria auf den Heimweg.

Was ist hier geschehen?
Darauf können sich auch
die Jünger keinen Reim machen.
Da die Leinentücher noch im
Grab liegen, hat wohl niemand
den toten Jesus weggebracht.
Aber wo ist er nur?

Jesus zeigt sich Maria Magdalena

Maria Magdalena ist die beste Freundin von Jesus. Als sie ihn das erste Mal getroffen hat, war sie kurz davor, vor Kummer verrückt zu werden. Damals in Magdala am See Gennesaret hat Jesus sie geheilt. Seit dieser Zeit gehört Maria Magdalena zu Jesus und ist seine Jüngerin geworden. Jesus hat Maria so sehr vertraut wie sonst vielleicht nur noch Simon Petrus. Anders als die Männer bleibt sie mit ihren Freundinnen bei Jesus, als er am Kreuz stirbt. Sie ist auch dabei, als Jesus begraben wird. Doch als sie ihren toten Freund besuchen will, merkt sie, dass Jesus nicht mehr im Grab liegt. Darüber ist Maria Magdalena ganz verzweifelt.

Maria Magdalena sitzt vor dem Grab im Garten und weint. Munter zwitschern die Vögel in den Bäumen, denn die Morgensonne wärmt Tiere und Blumen. Doch dafür hat Maria keine Augen. Blind vor Tränen murmelt sie immer wieder vor sich hin: „Wo bist du, Jesus? Warum bist du nicht mehr da?"

Auf einmal hört sie Stimmen: „Warum weinst du, Frau?"

Maria sieht auf. Die Sonne blendet sie. Stehen da zwei weiße Gestalten neben der Bank, auf der Jesus gelegen hat? Sie kann es nicht genau erkennen. Mit trauriger, müder Stimme antwortet sie: „Jesus – er ist nicht mehr da! Sie haben ihn weggenommen und ich weiß nicht, wo sie ihn hingebracht haben."

Da hört sie jemand kommen und fragen: „Was weinst du? Wen suchst du?" „Bestimmt ist das der Gärtner", denkt Maria Magdalena. „Vielleicht weiß er ja, wo Jesus ist." Und sie will von dem Mann wissen: „Ich suche meinen Herrn. Hast du ihn vielleicht weggebracht? Sag mir, wo ist er!"

Da hört sie, wie er ihren Namen flüstert: „Maria!"

Und plötzlich ist es, als ob der Blitz eingeschlagen hat, mitten in ihr Herz! Es ist seine Stimme – die Stimme von Jesus! Er ist es!

„Jesus!", ruft Maria Magdalena. Alles in ihr jubelt! Ihr bester Freund, ihr großer Lehrer ist nicht tot! Er lebt! Maria wird ganz schwindlig vor lauter Freude und Aufregung. Sie fällt auf die Knie und will wieder aufstehen, damit sie Jesus in die Arme schließen kann.

Doch da sagt Jesus zu ihr:

„Bitte, berühre mich nicht! Ich kann nicht bei dir bleiben."

Maria ist verwirrt und traurig. Warum darf sie Jesus nicht umarmen – jetzt, wo sie weiß, dass er lebt?

Jesus sagt: „Ich werde zu meinem Vater im Himmel zurückkehren. Maria, geh zu Petrus und Johannes und den anderen! Sag ihnen, dass ich zu dem gehe, der mein Vater ist und euer Vater, mein Gott und euer Gott!"

Maria kann sich nicht losreißen von Jesus, der lebendig vor ihr steht und von dem sie geglaubt hat, er sei tot. Sie will nicht wieder ohne ihn sein – einsam und verlassen.

Jesus sieht seiner Freundin tief in die Augen. Sein Blick sagt ihr: Geh ruhig und hab keine Angst! Ich lasse dich nicht allein!

Da wird es Maria Magdalena ganz leicht ums Herz. So schnell sie kann, läuft sie in die Stadt zurück. Voller Freude ruft sie den Jüngern entgegen: „Ich habe Jesus gesehen! Stellt euch vor: Er lebt!"

Die Jünger können zunächst nicht glauben, was Maria Magdalena da erzählt. Vielleicht ist sie ja vor lauter Trauer verrückt geworden! Aber Jesus begegnet auch noch anderen von seinen Freunden.

Auf dem Weg nach Emmaus

Die Jünger sind sich einig. Was die Frauen erzählen, kann einfach nicht sein. Davon hat schließlich noch nie jemand gehört, dass jemand wieder zu den Lebenden zurückgekehrt ist, der tot und begraben war. Aber Jesus zeigt sich nicht nur Maria Magdalena.

Kleopas seufzt: „Hier in Jerusalem halte ich es nicht mehr aus!" Sein Freund Lukas stimmt ihm zu: „Mir geht es genauso. Seit Jesus tot ist, will ich nur noch zurück nach Hause, nach Emmaus!"
Die beiden Freunde sind sich einig. Sie machen sich auf den Weg in ihr Heimatdorf. Kleopas tut es gut, dass er unterwegs mit Lukas über alles reden kann, was in den letzten Tagen passiert ist. Warum musste Jesus sterben? Und was war dran an der Sache mit dem leeren Grab?
„Worüber redet ihr denn so aufgeregt?" Verdutzt bleiben Kleopas und sein Freund stehen. Sie sind so in ihr Gespräch vertieft, dass sie den Mann neben sich gar nicht bemerkt haben.

„Du bist wohl der Einzige in Jerusalem", antwortet Kleopas, „der nicht weiß, was vorgestern hier passiert ist!" Er sieht dem Fremden ins Gesicht. Irgendwie kommt Kleopas der Mann bekannt vor. Aber ihm fällt einfach nicht ein, wo sie sich schon einmal begegnet sind.

„Was ist denn passiert?", fragt der Wanderer freundlich.

„Na, das mit Jesus von Nazaret", ruft Lukas. „Er war ein Prophet. Wenn er von Gott erzählt hat, war es, als ob du dem Himmel ganz nahe bist. Kranke hat er geheilt und Wunder getan. Alle haben wir geglaubt: Der ist es! Der ist Gottes Sohn, der Friedenskönig! Jesus wird Israel von den Römern befreien."

„Ja", sagt Kleopas traurig. „Das haben wir gehofft. Aber dann haben sie kurzen Prozess mit ihm gemacht und ihn ans Kreuz geschlagen. Seit drei Tagen ist er jetzt schon tot."

„Und warum geht ihr jetzt weg aus Jerusalem?", fragt ihr neuer Begleiter.

„Weil wir nicht auch noch verrückt werden wollen!", antwortet Lukas. „Heute Morgen waren einige Frauen von uns an seinem Grab – und als sie zurückkamen, haben sie wirres Zeug erzählt: Das Grab wäre leer und Engel hätten ihnen gesagt, dass Jesus lebt!"

Kleopas meint: „Naja, vielleicht hat jemand seinen Leichnam gestohlen? Schließlich ist bisher noch keiner von den Toten zurückgekommen!"

„Ja, habt ihr es denn immer noch nicht begriffen!", ruft da der Fremde aus. „Gebt eurem Herzen einen Stoß und glaubt das, was schon die Propheten gesagt haben!" Und dann erklärt er den beiden Freunden, dass mit Jesus alles so gekommen ist, wie es die Bibel vorausgesagt hat. Je länger er spricht, umso leichter wird es Kleopas ums Herz.

Sie sind so in ihr Gespräch vertieft, dass die Zeit wie im Flug vergeht. Es dämmert schon, als sie schließlich im kleinen Dorf Emmaus ankommen. Kleopas will nicht, dass sie ihr neuer Freund jetzt verlässt. Deshalb bittet er ihn: „Herr, bleib doch bei uns! Es geht schon auf den Abend zu, gleich wird es dunkel! Komm mit in mein Haus!"

Auch Lukas freut sich, als der Unbekannte die Einladung annimmt.

Beim Abendessen geschieht etwas Merkwürdiges: Kleopas' Gast nimmt das Brot und spricht das Dankgebet. Dann bricht er den Fladen in Stücke und gibt sie den beiden Freunden – ganz so, wie es Jesus immer getan hat.

Das kann doch unmöglich ... Kleopas und Lukas reißen die Augen auf. Sie starren ihren Gast an, dann starren sie sich gegenseitig an. Auf einmal wissen sie: Das ist Jesus! Und genau in diesem Moment ist er verschwunden.

Doch Kleopas ist darüber nicht traurig. Er hat genug gehört und gesehen. Jetzt endlich kann er es glauben: Jesus lebt! Gott hat ihn vom Tod auferweckt!

Er ruft seinem Freund zu: „Wie in alten Zeiten! Es war, als ob Jesus ein Feuer in meinem Herzen angezündet hätte, als er unterwegs mit uns gesprochen hat. Komm, Lukas, das müssen wir gleich den anderen erzählen! Nichts wie zurück nach Jerusalem!"

So schnell sie können, laufen die beiden zu den anderen Jüngern. Völlig außer Atem kommen sie an. Gerade will Kleopas erzählen, was sie erlebt haben, da fällt ihnen Andreas ins Wort: „Jesus lebt! Gott hat ihn vom Tod auferweckt! Maria Magdalena hat Recht! Mein Bruder Simon hat ihn auch gesehen!"

„Wir auch!", rufen die beiden Freunde aus Emmaus und erzählen, was sie erlebt haben.

Auf einmal hören sie eine Stimme, die sie begrüßt:
„Friede sei mit euch!"
Vor ihnen steht – Jesus!
Kleopas und Lukas erschrecken, als Jesus so plötzlich wieder vor ihnen auftaucht. Einige von ihren Freunden machen so entsetzte Gesichter, als stünde ein Gespenst vor ihnen.
Doch da sagt Jesus: „Warum schaut ihr so erschrocken? Ich bin kein Gespenst! Kommt her und gebt mir die Hand!"
Da merken seine Freunde: Es ist wirklich Jesus!
Und sie freuen sich alle sehr darüber, dass Gott ihn vom Tod auferweckt hat!

Jesus lebt – das haben Kleopas und sein Freund mit eigenen Augen gesehen. Doch der Auferstandene ist anders als der Jesus, den sie vor seinem Tod gekannt haben. Sie sehen ihn – und doch erkennen sie ihn nicht sofort. Und als sie ihn dann erkennen, ist er nicht mehr da. Das ist schwer zu begreifen. Aber in ihren Herzen spüren die Jünger: Es ist wahr! Jesus lebt und lässt uns nicht allein!

Thomas will Jesus spüren

Für die Freunde von Jesus ist es schwer zu verstehen, dass Jesus nicht mehr tot ist. Keiner von ihnen kann begreifen, was da geschehen ist. Aber jetzt haben sie mit eigenen Augen gesehen, dass Jesus lebt. Sie spüren in ihren Herzen: Es ist wahr! Einer der Jünger war allerdings nicht mit dabei: Thomas. Es fällt ihm schwer, die Botschaft seiner Freunde zu glauben.

Thomas ist müde. Den ganzen Tag ist er in Jerusalem herumgelaufen, weil er es im Haus nicht mehr ausgehalten hat. Die anderen haben sich in ihrem Versteck vergraben und die Tür fest verrammelt. Sie haben Angst, dass sie verhaftet werden, wenn die Ratsherren und die Römer merken, dass Jesus nicht mehr im Grab liegt. Andreas ist fest davon überzeugt, dass sie dann behaupten werden, die Jünger hätten den toten Jesus gestohlen. Er und die anderen reden die ganze Zeit darüber, was mit Jesus geschehen sein kann, ob er vielleicht gar nicht tot ist.

Davon muss einem ja der Kopf schwirren, denkt Thomas. Es kann ja sein, dass er nicht der gescheiteste der Jünger ist – aber so etwas Haarsträubendes kann doch keiner glauben, der noch halbwegs bei Verstand ist. Für Thomas ist klar: Jesus ist tot – dafür haben die Soldaten von Pontius Pilatus gesorgt. Da können Maria Magdalena und Simon Petrus erzählen, was sie wollen.

„Am besten, ich gehe jetzt zurück und schlafe eine Runde", sagt sich Thomas. „Sonst fange ich auch noch an, Gespenster zu sehen."

Doch an Schlaf ist nicht zu denken, als Thomas zu den anderen zurückkommt. Als er das vereinbarte Klopfzeichen gibt, fliegt die Tür krachend auf.

„Thomas! Wo warst du nur?", ruft innen Bartholomäus aufgeregt. „Du hast ihn verpasst!"

„Wen habe ich verpasst?", fragt Thomas müde und gähnt.

„JESUS!", rufen die anderen Jünger im Chor. Dann lachen sie – zum ersten Mal seit Tagen.

Thomas starrt seine Freunde ungläubig an. Jetzt ist es so weit – jetzt sind sie alle miteinander verrückt geworden!

„Ihr spinnt doch alle!", sagt Thomas kopfschüttelnd. „Ich geh jetzt schlafen. Weckt mich, wenn der Geist von Jesus wiederkommt!"

„Wir wollen dich nicht auf den Arm nehmen", sagt Simon Petrus. „Es ist wirklich wahr! Jesus war hier. Er hat uns die Wunden an seinen Händen und an seinen Füßen gezeigt. Und er hat sogar gebratenen Fisch mit uns gegessen. Da steht noch sein Teller!"

Thomas sieht das schmutzige Geschirr. Dann schaut er Petrus ins Gesicht. Er merkt: Der meint das wirklich ernst! Aber – das kann doch alles gar nicht sein, denkt Thomas. So etwas gibt es doch nicht!

„Ich weiß, das Ganze ist schwer zu verstehen", sagt Johannes. „Aber du kannst uns glauben. Jesus lebt! Es ist wirklich wahr!"

„Das kann ich erst glauben, wenn ich ihn selber gesehen habe", erwidert Thomas müde. „Wenn ich seine Wunden mit eigenen Augen sehe und mit meinen Fingern fühle – dann kann ich es vielleicht glauben." Thomas geht zu seinem Schlafplatz und legt sich hin.

„Bis dahin will ich nur noch schlafen", sagt er und dreht sich zur Wand.

In den nächsten Tagen warten die anderen gespannt darauf, ob Jesus wieder zu ihnen kommt. Jedes Mal, wenn irgendwo ein Geräusch zu hören ist, meinen sie, dass Jesus gleich auftaucht. Arme Irre, denkt Thomas, irgendwann werden sie schon merken, dass sie sich alles nur eingebildet haben.

Eine Woche später sind die Jünger alle beiei-
nander, weil sie gemeinsam essen wollen. Die
Mutter von Jakobus hat gebratenen Fisch auf
dem Markt besorgt. Als alle da sind, verriegelt
Andreas die Tür mit einem Balken. Thomas
findet das zwar übertrieben, aber er denkt
sich, dass es auch nicht schaden kann. Jetzt
freut er sich erst mal auf den guten Fisch.
Gerade will Thomas seine Hände waschen
gehen, da hört er eine vertraute Stimme.
„Friede sei mit euch!"
Thomas schaut sich um – und jetzt sieht er
ihn auch: Jesus! Er kommt auf Thomas
zu und sagt: „Gib mir deine Finger, dann
kannst du meine Wunden spüren." Jesus
nimmt seine Hand und legt sie in eine
seiner Wunden. „Hör auf zu zweifeln und
glaube, dass ich es bin!"
Thomas bringt zuerst kein Wort heraus.
Es ist wirklich alles wahr!, begreift er mit
einem Schlag. Gott hat Jesus wirklich
vom Tod auferweckt! Jesus lebt – er ist
wahrhaftig Gottes Sohn!
„Mein Herr", stottert Thomas voller Freude.
„Und mein Gott!"
Da sagt Jesus zu ihm: „Thomas, nun hast
du alles verstanden. Weil du mich jetzt selber gesehen hast, glaubst du. Freuen
dürfen sich alle, die mich nicht sehen und
trotzdem an mich glauben!"

In den folgenden Tagen
und Wochen kommt Je-
sus immer wieder zu seinen Jüngern. Er sagt ihnen, dass er nur
noch kurze Zeit bei ihnen sein
kann. Dann wird Jesus zu seinem Vater gehen und bei Gott
im Himmel sein. Aber er verspricht seinen Jüngern, dass sie
auch dann nie allein sein werden. Er will ihnen Gottes Geist
schicken. Der wird ihnen Kraft
und Mut schenken.

217

Wieder zwölf Freunde

Zusammen mit Freunden verstecken sich die Jünger in Jerusalem. Sie sind froh, dass mit dem Tod von Jesus nicht alles aus ist. Aber sie wissen auch nicht, wie es nun weitergehen soll. Sie warten darauf, dass Jesus ihnen den Weg zeigt und ihnen neuen Mut schenkt.

Jakobus blättert in seiner Bibel. Das macht er oft, seit der auferstandene Jesus nicht mehr zu den Jüngern kommt. Zwei Wochen ist das jetzt her, dass ihr Herr und Meister zum letzten Mal bei ihnen war. Immer wieder haben sie ihn gefragt: „Wie wird es weitergehen? Wirst du jetzt König über Israel und die ganze Welt?" Doch Jesus hat jedes Mal geantwortet: „Zuerst muss noch viel geschehen. Ich gehe zu meinem Vater im Himmel und ihr bleibt hier in Jerusalem. Aber ich lasse euch nicht allein. Ich schicke euch den Heiligen Geist. Der schenkt euch Kraft und Mut für eure neue Aufgabe. Ihr sollt allen Menschen von mir erzählen. Ihr sollt ihnen sagen, dass Gott sie liebt. Als meine Boten werdet ihr in die Welt gehen – in alle Länder bis an das Ende der Erde."

Kurze Zeit später war Jesus dann verschwunden. Seither sitzen die elf Jünger, Maria Magdalena und die anderen Frauen in ihrem Versteck in Jerusalem. Viele treue Freunde und Freundinnen von Jesus sind zu ihnen gestoßen – sogar seine Mutter Maria ist bei ihnen. Gemeinsam beten sie, dass sie nicht mehr lange warten müssen, bis Jesus sein Versprechen wahr macht.

Zusammen mit Kleopas und Lukas liest Jakobus jetzt jeden Tag in den Psalmen und den Büchern der Propheten. Sie sprechen vom Friedenskönig und vom Sohn Gottes. Seit Kleopas und Lukas auf ihrem Weg nach Emmaus mit Jesus geredet haben, verstehen sie alles ein bisschen besser. Sie versuchen Jakobus zu erklären, warum Jesus am Kreuz sterben musste. Aber Jakobus ist immer noch traurig, dass Jesus nicht mehr bei ihnen ist.

Da klopft es plötzlich an der Tür. Jakobus zählt die Klopfzeichen. Dreimal kurz und dreimal lang – so haben es die Jünger mit ihren Freunden vereinbart.

Denn sie haben immer noch Angst vor der Tempelpolizei und den Römern. Jakobus geht zur Tür und fragt: „Parole?"

„Zimmermann", kommt es von draußen. „Macht auf! Wir haben wichtige Neuigkeiten zu erzählen!"

„In Ordnung!", ruft Jakobus. Er nimmt den schweren Balken weg, der die Tür verriegelt und öffnet. Draußen stehen Josef und Matthias. Die beiden sind alte Freunde von Jesus und waren schon bei seiner Taufe im Jordan mit dabei.

„Was gibt es Neues?", fragt Jakobus.

„Der Verräter Judas ist tot!", sagt Josef.

„Was ist geschehen?", will Simon Petrus wissen. Er ist der Anführer der Jünger, seit Jesus nicht mehr bei ihnen ist.

Matthias erzählt: „Die einen sagen, Judas hat sich selbst das Leben genommen, weil er es nicht mehr ertragen konnte, dass er Jesus verraten hat. Die anderen behaupten, dass er bei einem schrecklichen Unfall gestorben ist."

„Dann sind wir jetzt nur noch elf", sagt Simon Petrus. „Zwölf Söhne Jakobs, zwölf Stämme Israels – und zwölf Jünger von Jesus. So wollte es unser Herr und Meister – und so soll es wieder sein. Matthias und Josef kennen Jesus, seit er von Johannes im Jordan getauft wurde. Ich schlage vor, dass einer von ihnen der neue zwölfte Jünger werden soll. Seid ihr alle damit einverstanden?"

Die übrigen Zehn und auch die beiden Freunde nicken.

„Lasst uns beten", sagt Petrus. „Herr, du kennst jeden von uns ganz genau, du kennst unsere Gedanken und unser Herz. Zeige uns, wer den Platz von Judas einnehmen soll, damit wir wieder zwölf Jünger von Jesus sind."

Dann nimmt Petrus eine Münze, lässt Matthias eine Seite wählen und wirft. Die Seite, die Matthias gewählt hat, liegt oben. Matthias ist der neue zwölfte Jünger. Jetzt ist es wieder ein bisschen so wie am Anfang, als sie Jesus begegnet sind. Jakobus erinnert sich noch gut daran: „Menschenfischer hat Jesus uns genannt. Er wollte, dass wir Menschen zu Gott bringen. Vielleicht können wir das ja bald wieder sein – Menschenfischer für Jesus."

An diesem Abend sind alle guter Dinge und feiern ein kleines Fest für Matthias, den neuen Jünger von Jesus.

In der Bibel bekommen die zwölf Jünger nun auch einen neuen Namen. Sie nennt sie „Apostel". Das bedeutet „Ausgesandte". Denn die zwölf Freunde hat Jesus in alle Welt ausgesandt, damit sie von ihm und von seiner frohen Botschaft erzählen, dass Gott die Menschen liebt. Doch noch fehlt den Aposteln etwas für ihren Auftrag. Gemeinsam warten sie in Jerusalem auf den Heiligen Geist, den Jesus ihnen schenken will.

Frischer Wind weht neuen Mut herbei

Fünfzig Tage nach Pascha herrscht wieder Feststimmung in Jerusalem. Dann wird Pfingsten, das große Erntefest, gefeiert. Auch am Pfingstfest sind viele Menschen aus aller Welt nach Jerusalem gereist: Sie kommen aus Persien und Arabien, Babylonien und Libyen, aus Rom, aus Kreta und Zypern. Kannst du dir vorstellen, wie viele verschiedene Sprachen da in den Straßen von Jerusalem zu hören waren?

Philomena hat heute viel zu tun. Morgen ist der Pfingsttag, da will sie,

dass das ganze Haus blitzsauber ist. Als sie den Eingang vor ihrem Haus fegt, herrscht buntes Treiben in den Straßen. Viele Menschen sind von überall her nach Jerusalem gekommen, um hier das Pfingstfest zu feiern. Alle sind fröhlich

und freuen sich auf das Fest.

Auch hier im Haus haben sie Gäste. Die Männer und Frauen aus Galiläa wohnen schon seit dem Paschafest im oberen Stockwerk. Sie sind mit ihrem Lehrer hergekommen. Philomena hat diesen Jesus von Nazaret noch in guter Erinnerung. So ein feiner und anständiger Mensch! Sie konnte es zuerst gar nicht glauben, als seine Freunde eines Nachts entsetzt erzählt haben: Die Tempelwache hat Jesus verhaftet! Einen Tag später ist Jesus am Kreuz gestorben. Die Freunde von Jesus waren völlig verzweifelt. Da haben Philomena und ihr Mann Alexander beschlossen: Sie können sich bei uns verstecken!

Am Anfang war das vielleicht ein verängstigter Haufen! So gut wie nie ist einer aus dem Haus gegangen. Die Männer saßen  traurig da, die Frauen weinten viel.

Philomena hätte gerne mehr über Jesus erfahren, aber seinen Freunden war nicht nach Reden zumute.

Nach ein paar Tagen ging es ihnen wieder besser. Aber seither erzählen sie seltsame Dinge: Gott hätte Jesus vom Tod auferweckt und der auferstandene Jesus hätte sie besucht! Zuerst glaubt Philomena ihnen nicht. Doch dann hört sie eines Abends eine fremde Männerstimme sagen: „Bleibt in Jerusalem und wartet auf den Geist, den mein Vater versprochen hat!"

Und mit einem Mal weiß Philomena: Das war Jesus! Seine Freunde haben Recht!

Jetzt interessiert sich Philomena sehr für diesen Mann aus Nazaret – und für den Geist, von dem er gesprochen hat. Die Frauen, die ihn begleitet haben, erzählen ihr viel von Jesus, seinen Worten und seinen Taten.

Deshalb bringt Philomena immer mal wieder eine Kleinigkeit zu essen oder eine Kanne Tee nach oben, dann kann sie neue Geschichten über Jesus hören. Heute hat sie leider keine Zeit dafür, denn sie will feine Gerstenküchlein für ihre Gäste backen. Schließlich sollen sie auch etwas vom Pfingstfest haben, wenn sie schon nicht aus dem Haus gehen, denkt sie.

Am nächsten Morgen, dem Pfingsttag, wird Philomena von einem mächtigen Rauschen geweckt. Es hört sich an wie ein gewaltiger Sturm, der über die Häuser von Jerusalem bläst. Philomena schaut aus dem Fenster und sieht: Am großen Feigenbaum vor dem Haus bewegt sich kein Zweig, nicht mal ein einziges Blatt! Wie seltsam!

Da merkt sie: Das Rauschen ist nur in ihrem Haus! So etwas hat Philomena noch nie erlebt, es machte ihr richtig Angst! Doch dann wird ihr klar, was das ist: „Jetzt kommt er, der Geist Gottes!" Da muss sie dabei sein! Philomena nimmt das Tablett mit den Tellern und den Gerstenküchlein und geht die Treppe hoch zu den Jesusleuten.

Sie sieht: Die Tür steht sperrangelweit offen! Sonst war hier immer alles gut verriegelt. Vorsichtig geht Philomena hinein. Hier oben rauscht es noch mächtiger als unten im Haus. Und die Jünger lachen und freuen sich darüber. Sie sehen aus, als hätte ein kräftiger frischer Wind alle ihre Sorgen und ihre Traurigkeit weggeweht.

Auf einmal tanzen kleine Flammen durch das Zimmer. Philomena erschrickt darüber so, dass sie ihr Tablett fallen lässt. Doch dann merkt sie: Vor diesen Feuerflammen braucht man keine Angst zu haben. Sie wärmen das Herz und lösen die Zunge! Die Freunde von Jesus fangen an zu singen, sie reißen die Fenster auf und rufen den Menschen auf der Straße fröhlich zu: „Jesus lebt! Gott hat ihn vom Tod auferweckt!"

Philomena geht schnell die Treppe hinunter, um einen Besen zu holen. Da sieht sie, dass eine Menge Leute vor dem Haus stehen. Das Rauschen hat sie hergeführt. Und nun hören sie den Jüngern zu, wie sie von Jesus erzählen. Philomena vergisst ihren Besen und geht nach draußen. Sie sieht Männer und Frauen aus ganz verschiedenen Ländern dort vor ihrer Tür stehen: Perser und Ägypter mit ihren seltsamen Frisuren, Libyer und Römer in vornehmen Togen, Araber und Kreter in ihren kurzen Röcken. Und sie merkt: Jeder Einzelne kann verstehen, was die Jünger ihm erzählen – obwohl alle aus ganz verschiedenen Ländern mit ganz verschiedenen Sprachen kommen. Philomena kann sich das nicht erklären. Simon Petrus, Maria Magdalena und ihre Freunde sind doch keine Gelehrten, sondern einfache Leute vom Land, die haben bestimmt nicht so viele Fremdsprachen gelernt. Wenn das von der Kraft des Geistes kommt, überlegt Philomena, dann ist das einfach wunderbar!

Da hört Philomena einen Mann sagen: „Die sind ja nur betrunken!"

Philomena funkelt ihn böse an, weil sie weiß, dass das nicht stimmt. Da sieht sie, wie Simon Petrus sich oben auf die Treppe vor ihrem Haus stellt. Er ruft den Leuten zu:

„Hört mich an! Wir sind nicht betrunken! Schließlich ist es ja noch früh am Morgen! Ich will euch verraten, was hier geschieht. Zusammen mit Jesus von Nazaret sind wir nach Jerusalem gekommen. Wir haben fest daran geglaubt: Er ist der Friedenskönig, den Gott uns schickt. Doch dann ist er am Kreuz gestorben. Da dachten wir, jetzt ist alles umsonst. Doch das stimmt nicht! Gott hat Jesus vom Tod auferweckt. Wir alle haben ihn gesehen und sind seine Zeugen. Jetzt ist Jesus bei Gott im Himmel. Aber er hat uns seinen Heiligen Geist geschickt. Der hat uns Kraft und Mut geschenkt, damit wir heute zu euch sprechen können."

Einige rufen: „Wir möchten auch zu Jesus gehören! Was müssen wir tun?"

„Dann fangt ein neues Leben mit Jesus an!", antwortet Petrus. „Lasst euch taufen! Dann werdet ihr vor Gott wie neugeboren sein und er wird euch auch seinen Geist schenken!"

Das lässt sich Philomena nicht zweimal sagen. Sie rennt ins Haus und holt ihren Mann Alexander. Dann lassen sich die beiden noch am selben Tag taufen. Jetzt gehören sie auch zu Jesus! Darüber freuen sich die beiden sehr und feiern mit ihren neuen Brüdern und Schwestern. Sie brechen das Brot und teilen den Kelch mit Wein, wie Jesus es ihnen gezeigt hat. Und sie beten mit den Worten, die Jesus seinen Jüngern beigebracht hat. Denn jetzt gehören die Jesusleute alle zu einer großen Familie.

Die Bibel erzählt, dass sich an Pfingsten über dreitausend Menschen haben taufen lassen. Die Jesusleute halten tatsächlich zusammen wie in einer Familie: Sie teilen miteinander alles, was sie besitzen. Jeder bekommt so viel, wie er zum Leben braucht. Sie essen gemeinsam, sind fröhlich und loben Gott. Und jeden Tag kommen mehr Menschen zur Jesus-Gemeinde dazu.

Die Gemeinde der Jesusleute in Jerusalem wird mit jedem Tag größer. Bald schon können sich Petrus und die anderen Apostel nicht mehr selbst um alles kümmern. Deshalb wählen sie sieben Helfer, die dafür sorgen, dass alle in der Gemeinde genug zum Leben haben. Zu ihnen gehört auch Stephanus. Er ist ein besonders guter Redner und erzählt überall von Jesus. Doch dadurch macht sich Stephanus nicht nur Freunde.

Stephanus und sein Freund Nikolaus sind mit einem großen Korb frischem Fladenbrot unterwegs. Sie verteilen es an die Leute in der Jesus-Gemeinde, die sich ihr tägliches Brot nicht selbst verdienen können. Sie gehen zu alten Menschen und zu Frauen, deren Männer gestorben sind. Stephanus, Nikolaus und ihre Freunde sorgen dafür, dass niemand von den Jesusleuten hungern muss.

„Glauke, sei gegrüßt", ruft Stephanus einer Frau zu, die mit ihrem Flickzeug auf der Bank vor ihrer Haustür sitzt. „Wir bringen euch das Frühstück!"

„Gelobt sei Jesus Christus!", bedankt sich Glauke. Seit ihr Mann letztes Jahr gestorben ist, ist sie froh über jede Hilfe, die sie bekommt. „Wie schön, dass ihr kommt! Da wird sich Chloë aber freuen!"

Schon stürmt ein kleines Mädchen mit einer schmutzigen Stoffpuppe aus dem Haus.

„Sieh mal, Nike!", zeigt sie ihrer Puppe. „Da sind Stephanus und Nikolaus! Die haben Brot mitgebracht – und ganz bestimmt auch eine Geschichte!"

Stephanus lacht. Er lässt die kleine Chloë auf seinem Schoß reiten, bis sie Tränen lacht.

„Setzt euch zu uns", ermuntert Witwe Glauke die beiden Freunde. „Was gibt es Neues in der Gemeinde? Was ist mit Petrus und Johannes? Ich habe gehört, dass die Tempelwache die beiden hat verhaften lassen."

„Ja, das stimmt", sagt Stephanus. „Die Ratsherren wollten ihnen verbieten, dass sie im Tempel von Jesus erzählen. Aber sie haben es natürlich trotzdem gemacht und auch viele Kranke geheilt. Deshalb wurden Petrus und Johannes eingesperrt. Doch am nächsten Morgen standen sie wieder im Tempel. Petrus sagt, ein Engel habe ihnen die Türen im Gefängnis aufgeschlossen."

„Das hat den Ratsherren natürlich gar nicht gefallen", erzählt Nikolaus weiter. „Also haben sie die beiden wieder verhaften lassen und damit gedroht, dass sie Petrus und Johannes dafür zu Tode steinigen wollen. Doch Petrus hat ihnen bloß geantwortet, dass man Gott mehr gehorchen muss als den Menschen."

„Herr im Himmel", ruft Glauke erschrocken. „Sie haben die beiden doch nicht umgebracht?"

„Nein, nein", sagt Stephanus. „Petrus und Johannes geht es gut. Der Gesetzeslehrer Gamaliel hat seine Ratsherrenfreunde überredet, die beiden freizulassen."

„Wie gut, dass der Herr sie beschützt hat!", sagt

Glauke erleichtert. „Passt nur gut auf euch auf, dass sie euch nicht auch noch etwas antun!"
„Keine Sorge, Glauke", antwortet Stephanus. „Wir sind in Gottes Hand – ganz gleich, was geschieht."

Zwei Tage später wird auch Stephanus verhaftet. Die Tempelpolizei bringt ihn zur Versammlung der Ratsherren. Einige Gesetzeslehrer rufen wütend: „Dieser Mann beleidigt Gott und seinen Tempel! Wir haben Zeugen, die gehört haben, dass Stephanus gesagt hat: Jesus wird den Tempel niederreißen und Gottes Gebote abschaffen, die er Mose gegeben hat!'"
Der Oberste Priester fragt Stephanus streng: „Stimmt das?"
Da antwortet Stephanus: „Ihr ehrwürdigen Herren, hört mir zu! Ihr habt gehört, wie Gott Abraham befohlen hat, aus seiner Heimat fortzugehen und in dieses Land zu kommen. Ihr kennt die Geschichte, wie Josef von seinen Brüdern als Sklave nach Äypten verkauft worden ist und sich viele Jahre später wieder mit ihnen versöhnt hat. Und ihr wisst, wie Mose von Gott den Auftrag bekam, unsere Landsleute aus der Sklaverei in Ägypten zu befreien. Doch was taten die Israeliten? Schon bald gehorchten sie Mose nicht mehr und wollten zurück nach Ägypten.
Und so ging es immer weiter. Gott hat dem Volk seine Gebote gegeben – aber es hat sie nicht gehalten. Er hat seine Propheten zum Volk Israel geschickt – aber es hat nicht auf sie gehört! Jetzt hat Gott seinen Sohn Jesus geschickt. Doch ihr habt auch nicht auf ihn gehört und habt ihn umbringen lassen!"
Die Ratsherren und die Gesetzeslehrer sind furchtbar wütend über das, was Stephanus sagt. Sie schimpfen und werfen Stephanus böse Blicke zu.
Doch Stephanus bleibt ganz ruhig. Er hat keine Angst vor den zornigen Ratsherren. Er schaut sie nicht einmal an, sondern hebt seine Augen zum Himmel empor. Da breitet sich ein Lächeln auf seinem Gesicht aus. „Ich sehe den Himmel offen!", ruft er. „Da ist Gott im Glanz seiner Herrlichkeit – und neben ihm steht Jesus, sein Sohn!"
Als die Herren von Hohen Rat das hören, halten sie sich die Ohren zu. Einige schreien laut: „Stephanus beleidigt Gott! Dafür muss er sterben!"
Alle miteinander stürzen sich auf Stephanus. Sie packen ihn, schleppen ihn zum Stadttor hinaus und bewerfen ihn mit großen, schweren Steinen. Stephanus fällt auf seine

Knie und ruft: „Herr Jesus, nimm meine Seele zu dir in den Himmel auf!" Da trifft ihn ein großer Stein am Kopf und er flüstert: „Bestrafe sie nicht für das, was sie mir antun!" Stephanus lächelt, als er stirbt, denn er weiß: Bald wird er bei Gott im Himmel sein.

Jetzt beginnt eine schlimme Zeit für die Jesus-Gemeinde in Jerusalem. Viele fliehen aus der Stadt, weil sie Angst haben, dass es ihnen wie Stephanus ergehen könnte.
Einer der Männer, der dabei war, als Stephanus gesteinigt wurde, ist Saulus. Ihm reicht es nicht, dass Stephanus jetzt tot ist. Saulus will, dass niemand mehr an Jesus glaubt. Deshalb lässt er alle Jesusleute ins Gefängnis werfen, die er finden kann. Doch dann kommt alles ganz anders, als Saulus sich das gedacht hat.

Saulus geht nach Damaskus

SAULUS SAULUS WARUM VERFOLGST DU MICH

Saulus ist einer der größten Feinde der Jesus-Gemeinde. Überall lässt er Männer und Frauen verhaften, die an Jesus Christus glauben. Eigentlich ist Saulus nach Jerusalem gekommen, um die Heiligen Schriften der Bibel bei dem berühmten Lehrer Gamaliel zu studieren. Geboren wurde er in Tarsus, einer Stadt in der heutigen Türkei. Auch dort regiert der Kaiser in Rom. Deshalb haben seine Eltern ihrem Sohn nicht nur den jüdischen Namen Saulus gegeben, sondern auch einen römischen: Paulus.

Heute Morgen hat Saulus ausgesprochen gute Laune. Zufrieden reibt er sich die Hände und pfeift auf dem Weg zum Tempel vor sich hin.

„Friede sei mit dir, ehrwürdiger Meister!", ruft er schon von Weitem seinem Lehrer Gamaliel zu, der im Säulengang vor dem Tempel auf seine Schüler wartet. Saulus ist der Erste heute.

„Friede auch mit dir, Saulus!", antwortet der weißhaarige Gelehrte. „Heute so fröhlich? Darf ich fragen, was deine Laune so aufgeheitert hat, mein junger Freund?"

„Ein Dutzend Jesusleute habe ich erwischt!", antwortet Saulus. „Die Tempelwache ist gerade dabei, sie zu verhaften und ins Gefängnis zu werfen. Nicht mehr lange und in Jerusalem laufen keine Jesusjünger mehr frei herum!"

Der alte Gamaliel sieht seinen Schüler Saulus voller Zweifel an: „Glaubst du wirklich, das ist nötig, was du da tust, Saulus? Musst du alle diese Männer und Frauen wie gemeine Verbrecher einsperren und womöglich töten lassen?"

„Aber, ehrwürdiger Meister, du kennst doch die Jesusleute!", ruft Saulus empört. „Sie haben keinen Respekt vor dem Tempel und vor Gottes Geboten. Sie beleidigen Gott mit dem, was sie von ihrem gekreuzigten Anführer erzählen. Sie nennen ihn ‚Christus‘ – der König, der von Gott kommt! Da hilft nur eines: Mit harter Hand durchgreifen!"

Gamaliel schüttelt den Kopf: „Du kennst meine Meinung, mein lieber Saulus. In letzter Zeit hat es immer wieder Männer gegeben, die von sich behauptet haben, sie wären der Messias! Eine Weile liefen ihnen die Leute hinterher. Aber jedes Mal, wenn die Römer ihren Anführer gefangen und hingerichtet hatten, war der Spuk ganz schnell zu Ende. So wird es vermutlich auch mit diesen Jesusleuten sein. Wenn ihr Jesus nicht der Messias, sondern nur ein gewöhnlicher Mensch war, wird das alles bald ein Ende haben. Ist er aber wirklich Gottes Sohn gewesen und auferstanden, wie seine Jünger sagen – dann wirst du eines Tages dastehen als einer, der gegen Gott und seine Sache gekämpft hat."

Paulus wagt nicht, seinem Lehrer zu widersprechen. Aber man sieht ihm an, dass er mit dem, was Gamaliel sagt, ganz und gar nicht einverstanden ist.

Am nächsten Morgen hat es Saulus eilig, zum Tempel zu kommen. Doch er geht nicht wie sonst immer zu Gamaliel – heute er will zum Obersten Priester. Von seinen Spitzeln hat Saulus gehört, dass sich viele der Jesusleute in der großen Stadt Damaskus in Syrien verstecken. Er will sich die Erlaubnis holen, dass er nach Damaskus reisen und die Jesusleute dort alle verhaften darf. Der Oberste Priester schreibt einige Briefe und gibt sie Saulus. In ihnen steht, dass er auch in Damaskus alle Männer und Frauen festnehmen darf, die an Jesus Christus glauben.

Zufrieden steckt Saulus die Briefe ein. Vor dem Tempel warten schon drei Freunde, die Saulus auf seinem Weg nach Damaskus begleiten wollen. Saulus steigt auf den Esel, den sie für ihn mitgebracht haben, und ruft: „Los, beeilen wir uns! Dann werden wir diese Christenbrut überraschen, noch bevor sie sich in ihren Löchern verkriechen kann!" Sie kommen zügig voran auf dem weiten Weg nach Syrien. Nach fünf Tagen ruft einer seiner Freunde: „Da, die Stadt am Horizont! Das ist Damaskus!" Saulus ist zufrieden. Sie können am Ziel sein, bevor die Nacht hereinbricht.

Es beginnt schon zu dämmern, als es passiert. Die vier aus Jerusalem sind kurz vor den Toren von Damaskus, da strahlt plötzlich ein Licht vom Himmel auf Saulus. Es ist so gleißend hell, dass er geblendet wird und nichts mehr sehen kann. Vor Schreck fällt Saulus von seinem Esel. Auf einmal hört er eine Stimme, die zu ihm sagt: „Saulus, Saulus, warum verfolgst du mich?" Verwirrt und verschreckt fragt er: „Wer bist du, Herr?"

Da antwortet die Stimme: „Ich bin Jesus, den du verfolgst. Steh auf und geh in die Stadt! Dort wirst du erfahren, was du tun sollst."

Dann ist es still. Mühsam richtet sich Saulus auf. Als er die Augen aufmacht, erschrickt er: „Ich kann nichts mehr sehen! Ich bin blind!"

Besorgt fragen seine Freunde: „Was ist los mit dir? Warum bist du vom Esel gefallen? Und mit wem hast du da gesprochen?"

„Das Licht!", stammelt Saulus. „Habt ihr es nicht gesehen? Es hat mich geblendet! Deshalb bin ich zu Boden gestürzt. Und dann hat er zu mir gesprochen!"

„Wer?", fragen die Freunde verwirrt. Sie haben zwar auch eine Stimme gehört, aber niemanden gesehen. „Wessen Stimme war das?"

„Das war Jesus", flüstert Saulus. „Sie haben Recht: Er lebt. Und er hat einen Auftrag für mich."

Das klingt, als wäre ich verrückt geworden, denkt Saulus, als er seine eigenen Worte hört. Vielleicht ist es ja auch so. Er sagt zu seinen Freunden: „Ich kann nicht mehr reiten. Bitte, nehmt mich an der Hand und lasst uns zu Fuß in die Stadt gehen!"

Zwei Stunden später kommen die vier müde und verstaubt in Damaskus an. Sie wohnen im Haus von Judas. Als Saulus diesen Namen hört, erschrickt er. Judas – das war der Jünger, der Jesus verraten hat! Saulus schlottert vor Angst. Nur mit Mühe können ihn seine drei Freunde zu seinem Bett führen.

„Was ist, wenn Gott mich für immer mit Blindheit straft, weil ich die Jesusleute

verfolgt habe?", überlegt er. „Als Blinder kann ich nicht mehr in der Bibel lesen. Und ich kann nicht mehr arbeiten. Dann bleibt mir nur noch betteln. Oh Herr, tu mir das nicht an! Das ertrage ich nicht!" Seine Freunde bringen ihm einen Krug Wein, Brot und Käse. Aber Saulus will nichts essen und nichts trinken. Drei Tage lang bleibt er in seinem Bett, betet und wartet darauf, dass Jesus ihm zeigt, wie es mit seinem Leben weitergehen soll.

Was hat Jesus mit Saulus vor, der seine Freunde mit glühendem Hass bekämpft hat? Kann er aus einem Feind wirklich einen Freund machen? Was glaubst du?

235

Aus Saulus
wird Paulus

Der blinde Saulus sitzt jetzt in Damaskus und weiß nicht, wie sein Leben weitergehen soll. Da träumt er von einem Mann, der zu ihm kommt und ihm die Hand auflegt, damit er wieder sehen kann.

Hananias schaut aus dem Fenster. Ein schöner Morgen bricht an. In den Straßen von Damaskus bauen die Händler schon ihre Stände auf. Alles sieht so friedlich aus, denkt Hananias. Hoffentlich bleibt es auch so! Hoffentlich werden die Jesusleute hier nicht ins

Gefängnis geworfen wie ihre Freunde in Jerusalem. Viele von ihnen sind in den letzten Wochen nach Damaskus geflohen, damit sie dieser entsetzliche Saulus nicht verhaften und ins Gefängnis werfen kann.

Hananias geht auf die Straße und kauft zwei große Körbe mit Gemüse. Heute ist er an der Reihe, für die Flüchtlinge aus Jerusalem zu kochen. Als er wieder nach Hause kommt, macht er sich gleich daran, das Gemüse zu putzen und klein zu schneiden. Das dauert eine ganze Weile. Während er eifrig schabt und schnippelt, träumt er ein bisschen vor sich hin.

Auf einmal hört er eine Stimme rufen: „Hananias!"

Er schaut zur Tür – da ist niemand. Er schaut zum Fenster – auch dort ist niemand. Wen hat er da gehört? Auf einmal weiß Hananias, wer da mit ihm spricht: Es ist Jesus!

„Hier bin ich, Herr", antwortet er.

„Steh auf und geh in das Haus von Judas in der Geraden Straße!", sagt die Stimme von Jesus. „Frage nach einem blinden Mann, der Saulus heißt. Er sitzt dort auf seinem Zimmer und betet."

„Aber, Herr, ich habe gehört, wie viel Böses dieser Mann in Jerusalem getan hat", sagt Hananias entsetzt. „Er verfolgt unsere Freunde dort mit glühendem Hass und lässt sie alle verhaften und ins Gefängnis werfen."

Doch Jesus sagt: „Geh trotzdem zu ihm! Gerade diesen Mann habe ich ausgewählt. Er soll den Menschen in vielen Völkern und Ländern von mir erzählen. Er soll ihnen die frohe Botschaft bringen, dass Gott die Menschen liebt."

Da erwidert Hananias nichts mehr. Er legt sein Messer weg, zieht seine Schürze aus und geht zur Geraden Straße, der Hauptstraße von Damaskus. Das Haus von Judas findet er schnell. Dort fragt er nach Saulus. Judas bringt Hananias zu ihm.

Saulus sitzt auf einem Stuhl und starrt mit seinen blinden Augen zur Tür. Hananias merkt, wie schlecht es Saulus geht. Wie sehr hat er sich vor diesem Mann gefürchtet! Und jetzt, als er ihn so elend und unglücklich dasitzen sieht, bekommt er Mitleid mit ihm. Hananias legt dem Blinden die Hände auf und sagt: „Lieber Bruder Saul, Jesus hat mich zu dir geschickt. Du sollst wieder sehen können und den Heiligen Geist bekommen."

Da zuckt Saulus zusammen. Er reißt die Augen auf und flüstert:
„Meine Augen! Ich kann wieder sehen! Gelobt sei Jesus Christus!"
Saulus springt auf und umarmt Hananias. Er freut sich sehr und
bittet: „Ich danke dir, Bruder! Bring mich in euer Versammlungshaus!
Ich will ein neues Leben anfangen und getauft werden! Und dann wollen
wir zusammen essen und trinken und uns freuen!"

Als Saulus aus dem Taufbecken steigt, sagt er zu Hananias: „Lieber Bruder, vor dir
steht dein neuer Freund Paulus. Denn so sollen mich von nun an alle nennen zum
Zeichen, dass ich ein neuer Mensch geworden bin." Die beiden feiern ein
fröhliches Fest. Einige Tage bleibt Paulus noch in Damaskus. Er geht mit
Hananias ins Versammlungshaus, wo die Juden von Damaskus ihre Gottes-
dienste feiern. Dort erzählt er den Leuten von Jesus und erklärt ihnen,
dass er Gottes Sohn ist; der Friedenskönig, den Gott zu den Menschen
geschickt hat. Die Leute in Damaskus können es nicht fassen: Ist das
nicht der Mann, der in Jerusalem alle vernichten wollte, die an Jesus
Christus glauben?
Aber Hananias freut sich sehr für seinen neuen Freund Paulus.
„Du, Herr, hast wieder einmal ein Wunder vollbracht", betet er.
„Die Liebe Gottes für alle Menschen ist doch stärker als der
Hass der Welt."

Aus dem Christenhasser Saulus ist der Christ Paulus geworden. Statt die Gemeinde zu verfolgen, gewinnt Paulus jetzt Menschen für den Glauben an Jesus Christus. Er reist in viele Länder und erzählt Männern und Frauen aus vielen Völkern von Jesus und seiner Botschaft. Jetzt wird er selbst verfolgt und verhaftet. Am Ende wird Paulus als Gefangener sogar zum Kaiser nach Rom gebracht, weil er aller Welt von Jesus Christus erzählt hat.

In der Bibel finden wir nicht nur Geschichten von den Reisen des Paulus. Wir können auch einige seiner Briefe lesen, die er an die Jesusfreunde in vielen Gemeinden geschrieben hat. In einem Brief an die Gemeinde in der griechischen Stadt Korinth schreibt Paulus:

Ich will euch von einem Weg zum Leben erzählen,
der alle anderen übertrifft:
Wenn ich allen Sprachen der Welt
und sogar die Sprachen der Engel reden könnte,
hätte aber keine Liebe für die Menschen in mir –
dann wäre ich wie eine Blechtröte
oder wie eine scheppernde Trommel.

Und wenn ich reden könnte wie ein Prophet,
wenn ich alle Geheimnisse kennen würde
und alles Wissen dieser Welt besäße,
wenn ich mit der Kraft meines Glaubens
ganze Berge versetzen könnte,
aber hätte keine Liebe für die Menschen,
dann wäre ich nichts.

Auch wenn ich alles verschenken würde,
was ich habe,
und ließe mich verbrennen für meinen Glauben –
es würde mir nichts nützen,
wenn ich keine Liebe in mir hätte.

Die Liebe ist geduldig und freundlich.
Die Liebe spielt sich nicht auf,
sie gibt nicht an.
Sie ist nicht auf ihren Vorteil aus,
sie regt sich nicht unnötig auf
und trägt Gemeinheiten nicht nach.
Sie freut sich nicht über Unrecht,
sondern über die Wahrheit.
Die Liebe kann alles ertragen und glauben,
sie kann alles erhoffen und aushalten.
Die Liebe hört niemals auf.
Wichtig für uns sind Glaube, Hoffnung und Liebe.
Das Wichtigste und Größte aber ist die Liebe.

Jetzt bist du am Ende dieses Buches angelangt. Du hast viele Geschichten aus der Bibel und ganz verschiedene Menschen kennengelernt. Sie alle haben dir gezeigt, wie sie Gott erlebt haben: liebevoll oder zornig, geduldig oder streng, freundlich oder geheimnisvoll.

Gott hat viele Seiten – so wie du. Und wie deine Bibel! Ich wünsche dir, dass du noch viele spannende und überraschende Dinge in den Bibelgeschichten über Gott und die Welt herausfindest.

Eines ist und bleibt dabei ganz gewiss: Alle Menschen sind Gottes Kinder – für immer und alle Zeiten. Denn er sagt: „ICH BIN DA!" – für dich. Darauf kannst du dich verlassen – jeden Tag aufs Neue!

Anhang

Das ist Bruder Lukas.

Jeden Tag beten alle gemeinsam in der Kirche.

Zusammen mit anderen Mönchen wohnt er in diesem Kloster.

Wenn Bruder Lukas er am liebsten in

Das Leben von Bruder Lukas

Lukas Ruegenberg wurde 1928 in Berlin geboren. Dort studierte er an der Kunstakademie als Schüler des bekannten Malers und Expressionisten Karl Schmidt-Rottluff.

1951 trat er mit 23 Jahren als Ordensbruder Lukas in die Benediktinerabtei am Laacher See in der Eifel ein und begann in München ein Studium als Kirchenmaler bei Paul Nagel. Seine Gemälde und Buchillustrationen sind geprägt von der Tradition christlicher Kunst und seinem Leben im Kloster.

Einen Namen hat sich Bruder Lukas auch als Sozialarbeiter im Kölner-Problemstadtteil Bilderstöckchen gemacht, wo er sich stellvertretend für die Abtei mit großem Herz seit mehr als 40 Jahren für die Menschen einsetzt und verschiedene Begegnungsstätten mitbegründete, z. B. den „Kellerladen e.V" als Anlauf- und Vermittlungsstelle für Arbeitslose.

Durch seine zahlreichen Kinderbücher und vor allem auch durch seine engagierte Sozialarbeit ist Bruder Lukas heute bis über die Grenzen des Klosters Maria Laach hinaus bekannt.

Zeit hat, ist ... iesem Haus.

Darin hat er sein Atelier und viel Platz, um sich neue Kunstwerke auszudenken.

Und dort hat Bruder Lukas die Bilder für eure Kinderbibel gemalt.

Kinder im Gespräch mit Bruder Lukas

Wie kamen Sie auf die Idee, eine Bibel für Kinder zu schreiben?

Ich lebe in einem Kloster. Dort ist die Bibel der Mittelpunkt unseres gemeinsamen Lebens. Die Sätze, die Jesus darin zu den Menschen sagt, faszinieren mich so sehr, dass ich mit meinen Bildern euch Kindern davon erzählen möchte. Wenn ihr seht, wie gut Jesus mit den Menschen umgegangen ist, können seine Worte in euch wachsen und lebendig werden, wie bei einem kleinen Samenkorn, das zu einem großen Baum wird.

Warum kennen Sie sich so gut in der Bibel aus?

Mit meinen Mitbrüdern lese und bete ich jeden Tag aus der Bibel. Ich habe gelernt, dass es richtig guttut, die lange Geschichte Gottes mit den Menschen immer wieder neu zu lesen. Es gibt dort so viel zu entdecken. Der erste Teil der Bibel erzählt, wie sehr sich die Menschen nach Gott sehnen. Es ist wichtig, diese Geschichten zu kennen, damit ihr verstehen könnt, wie unglaublich das Wunder noch heute für uns Menschen ist, dass Jesus, Gottes Sohn, geboren wurde und uns gezeigt hat, wie groß Gottes Liebe zu uns Menschen ist.

Haben Sie eine Lieblingsgeschichte in der Bibel?

Ja, natürlich! Ich habe mich in die Geschichte vom verlorenen Sohn verliebt. Sie erzählt von Gott als einem Vater, der immer verzeiht. Für uns Menschen ist das schwer vorstellbar, aber eine unglaublich frohe Botschaft, denn jeder Mensch macht Fehler, die er selbst nicht mehr rückgängig machen kann. Das kennt ihr sicher auch. Lest die Geschichte doch gleich einmal auf Seite 174 nach.